Musterbriefe für den persönlichen Bereich

humboldt
Ratgeber

In der gleichen Reihe:

Frag mich – ich antworte 3300×	ht 23
Taschenlexikon der Wirtschaft	ht 24
Frag mich was!	ht 79
Frag weiter	ht 90
So lernt man leichter!	ht 191
Spaß mit Tests	ht 195
Teste Deine Intelligenz	ht 225
So schreibt man Geschäftsbriefe!	ht 229
Reden für jeden Anlaß	ht 247
So bewirbt man sich	ht 255
Komma-Lexikon	ht 259
Handschriften deuten	ht 274
Gästebuch und Poesiealbum	ht 287
So schreibt man Briefe besser!	ht 301
Gedächtnis-Training	ht 313
So schreibt man Liebesbriefe!	ht 377
Spaß mit Zahlenspielen	ht 443
Fremdwörterlexikon	ht 446
Programmiersprache BASIC – Schritt für Schritt	ht 456
Eignungstests erfolgreich bestehen	ht 463
Erfolgreich lernen – Superlearning	ht 491
BASIC für Fortgeschrittene	ht 496
Wege und Tips zur Existenzgründung	ht 498
Schöne Schriften	ht 508
Testament und Nachlaß vorbereiten	ht 514
Trimm dich geistig fit!	ht 520
Lernen mit dem Homecomputer	ht 525
Spielend Programmieren lernen	ht 526
Prüfe Deine Menschenkenntnis	ht 531
Gutes Deutsch – der Schlüssel zum Erfolg	ht 535
Sich bewerben und vorstellen	ht 537
Programmiersprache PASCAL – Schritt für Schritt	ht 551
Behörden-Wegweiser	ht 592
Das korrekte Testament	ht 594
Deutsches Wörterbuch	ht 600
Sag es besser!	ht 601
Fehlerfrei schreiben	ht 615
Erfolgsgeheimnis Zeiteinteilung	ht 624
Mein Geld: 1000 Tips für die Zukunftssicherung	ht 636
Computer-1×1 fürs Büro	ht 638
Jeder kann Karriere machen	ht 641
Tests für die Berufswahl	ht 643
Vom Umgang mit Chefs und Kollegen	ht 662

Weitere Titel in Vorbereitung

Musterbriefe für den persönlichen Bereich

Von Bernd Lubbers
unter Mitarbeit von F. W. Manekeller

humboldt-taschenbuch 538

Umschlaggestaltung: Christa Manner, München
Umschlagfoto: Bildarchiv Lindenburger, Kastl

Hinweis für den Leser:
Alle Angaben sind von Autor und Verlag sorgfältig geprüft.
Dennoch kann eine Garantie nicht übernommen werden.

© 1986 by Humboldt-Taschenbuchverlag Jacobi KG, München, für die Taschenbuchausgabe
© 1978 by moderne verlags gmbh Wolfgang Dummer & Co., Landsberg a. Lech, für die Originalausgabe »Persönliche und geschäftliche Briefe im Privatleben«
Druck: Presse-Druck Augsburg
Printed in Germany
ISBN 3-581-66538-7

INHALT

Einführung 13
Briefeschreiben – Lust oder Last? 13

Sprache und äußere Form 14

Unser Sprachstil gehört zu unserem Ansehen 14
Sprachlicher Ausdruck = Erfolg! 15
Die Sprache: Wichtigstes Mittel der Beeinflussung! 17
Der Privatbrief: natürlich, angemessen, lebendig 19
Der Geschäftsbrief: kurz, klar, überzeugend 22
Die äußere Form des Geschäftsbriefes 29
Die äußere Form des Privatbriefes 34

Persönliche Briefe im privaten Bereich 35

Einladungen, Zusagen, Absagen 35

Einladung zur Kindtaufe 38
   Persönliche Einladung an eine Freundin des Hauses 38
      Zusage der Freundin 38 – Absage der Freundin 38
   Zwanglose Einladung an einen Vorgesetzten 39
      Zusage des Vorgesetzten 39 – Absage des Vorgesetzten 39

Einladung zum Polterabend 40
   Zwei gedruckte Einladungen 40
   Zwanglose Einladung zum Polterabend 40
   Persönliche Einladung an den Freund des Ehemannes 41

Einladung zur Hochzeit 41
   Formelle Einladung 41
   Persönliche Einladung zur Hochzeitsfeier 41
      Formelle Zusage – Hochzeitsfeier 42 – Zwanglose Zusage –
      Hochzeitsfeier 42 – Eine Absage – Hochzeitsfeier 42

| Einladung zur Silberhochzeit | 42 |
| Zwanglose Einladung zur Silberhochzeit | 42 |

Förmliche Zusage – Silberhochzeit 43 – Zwanglose Zusage – Silberhochzeit 43 – Förmliche Absage – Silberhochzeit 43 – Zwanglose Absage – Silberhochzeit 43

Einladungen zu anderen Gelegenheiten	44
Formelle Einladung zur Cocktailparty	44
Zwanglose Einladung zur Cocktailparty	44

Zusage – Cocktailparty 44 – Absage – Cocktailparty 44

| 10-Jahres-Treffen nach Einzug zum Bundesgrenzschutz | 45 |

Einladung an Kameraden 45 – Einladung an den Zugführer 45 – Zusage eines Kameraden 45 – Absage eines Kameraden 46

| Formelle Einladung zum Tee | 46 |
| Einladung zum Tee | 46 |

Zusage – Tee 46 – Absage – Tee 47

| Einladung zur Gartenparty | 47 |

Zusage – Gartenparty 47 – Absage – Gartenparty 47

| Einladung zum Abendessen | 48 |

Zusage – Abendessen 48

| Einladung zu einem Segeltörn | 48 |

Zusage – Segeltörn 49 – Absage – Segeltörn 49

| Beispiel für eine vorgedruckte Briefkarte | 49 |
| Beispiel für eine vorgedruckte Einladung | 50 |

Glückwünsche 50

Glückwünsche zur Geburt	51
Glückwunsch eines Onkels zur Geburt des Neffen	51
Glückwunsch einer Bekannten der Familie	51
Glückwunsch einer Nachbarin	51
Glückwunsch einer Tante	52
Glückwunsch eines Onkels zur Erstkommunion des Neffen	52
Glückwunsch eines Onkels zur Konfirmation	53
Glückwünsche zur Verlobung	53
Eine Freundin der Braut schreibt	53
Eine Tante schreibt an den Bräutigam	54
Opa schreibt an die Braut	54
Glückwunsch eines Nachbarn	55
Glückwünsche zur Hochzeit	55
Ein Herr schreibt an einen Bekannten	55
Der Chef heiratet	55
Förmlicher Glückwunsch eines Herrn	55
Förmlicher Glückwunsch einer Dame	56
Eine Dame gratuliert einem Herrn	56
Brief einer verwandten Familie	57
Verspäteter Brief eines Bekannten	57
Brief von Kollegen an eine Kollegin	57

Sonstige Glückwünsche 57
    Bruder gratuliert Schwester und Schwager zur Silberhochzeit . . 57
    Sohn gratuliert Vater zum 75. Geburtstag 58
    Direktor einer Schule an den Primizianten 58
    Ein Bekannter an den Neupriester 59
    Gemeindemitglied zum Silbernen Priesterjubiläum des Pfarrers . 59
    Fünf allgemein gehaltene Glückwünsche zum Jahreswechsel . . . 60
    Neujahrsgrüße an einen Vorgesetzten 60
    Drei allgemein gehaltene Glückwünsche zu Weihnachten 61
    Weihnachtsgrüße an den Patenonkel 61
    Zwei allgemein gehaltene Grüße zu Weihnachten und Neujahr . . 61
    Ostergrüße von Oma 62
    Glückwunsch zum Einzug ins neue Heim 62
    Glückwunsch zum Aufstieg einer Fußballmannschaft 63
    Ein langjähriger Mitarbeiter gratuliert einer Kollegin zur Wahl in
    den Aufsichtsrat 63
    Wiederwahl zum Vereinsvorsitzenden 64
    Kongreßteilnehmer beglückwünscht Referenten zu einem guten
    Vortrag 64

Beileidsschreiben 65
    Ein Herr schreibt an die Witwe eines Sportkameraden 65
    Ein Herr schreibt an die Witwe seines Lehrmeisters 66
    Schwester an Bruder zum Tod seiner Frau 66
    Bekannter der Familie zum Tod der Eltern 67
    An Cousine zum Tod der Mutter 67

Danksagungen 68
    Danksagung an eine Nachbarin für Glückwünsche zur Vermählung 68
    Brief eines jungen Ehemannes an die Schwiegereltern 68
    Gedruckte Danksagung für Glückwünsche zur Hochzeit 68
    Danksagung für ein Hochzeitsgeschenk 69
    Dank für ein persönliches Darlehen 69

Liebesbriefe 70
    Drei Heiratsanzeigen 71
    Anknüpfung auf Heiratsinserat, Herr an Dame 71
    Anknüpfung auf Heiratsinserat, Dame an Herrn 72
    Brief an Partybekanntschaft 73
    Absage an Partybekanntschaft 73
    Wiederaufnahme einer früheren Beziehung, Herr an Dame 74
    Heiratsantrag an die Braut 75
    Heiratsantrag an die Eltern der Braut 75
    Ein Mädchen löst eine Beziehung 76
    Ein junger Mann löst eine Beziehung 77
    Ein Herr schreibt einen Abschiedsbrief 78
    Und noch ein Abschiedsbrief 78

Briefe aus beruflichem Anlaß 79
Stellenanzeigen 79
Bewerbungsbriefe 82
   Bewerbung auf Empfehlung 84
Bewerbungen auf Anzeigen 84
      Sekretärin und jüngere Kontoristin 84 – Bewerbung der Sekretärin 85 – Bewerbung einer jüngeren Stenokontoristin (Anfangsstellung) 86 – Schreibdienstleiterin 87 – Buchhaltungssachbearbeiter 89 – Jüngerer Mitarbeiter für den Export-Innendienst 91 – Grafik-Designer 92 – Examinierte Krankenschwester 93
   Schreiben auf Anfrage des Unternehmens 94
Der Lebenslauf 95
   Handgeschriebener Lebenslauf 96
   Tabellarischer, mit der Schreibmaschine geschriebener Lebenslauf 97
Sonstige Schreiben aus beruflichem Anlaß 98
   Abrechnung von Reisekosten für Bewerbung 98
   Und noch eine Abrechnung 99
   Annahme nach Bedenkzeit 99
   Absage nach Bedenkzeit 100
   Absage nach Vorstellungsgespräch 100
   Ablehnung, aber gleichzeitig Türchen offenlassen für später . . . 100
   Arbeitsvertrag unterschrieben zurück 101
   Kündigung 101
   Klage wegen Kündigung 101
   Aufheben des Arbeitsvertrages nach Abfindungsvereinbarung . . 102
   Einspruch gegen Auszahlung der Abfindung 103

Sonstige private Briefe 104
Bitten und Anfragen 104
   Bitte um Wohnungsvermittlung 104
   Bitte um Darlehen 104
      Absage – Darlehen 105 – Zusage – Darlehen 106
   Dankbrief für Verrechnungsscheck 106
   Schuldanerkenntnis 106
   Darlehensvertrag 107
   Zusage, wenn Wechsel angenommen wird 108
      Rücksendung – Wechsel 108 – Ablehnung – Wechsel 108
   Rückzahlung – Darlehen (letzte Rate) 109
   Antwort auf Rückzahlungsbrief 109
   Ankündigung der Forderungsabtretung 110
   Forderungsabtretung 110
   Forderungsabtretung, Brief des neuen Gläubigers 111

Entschuldigungen 112
   Verspätung in der Schule 112
   Fehlen in der Schule 113

Krankheit im Urlaub 113
Eingeschlagene Fensterscheibe und Beleidigung eines Nachbarn . 115
Persönliches Fehlverhalten 115
Nicht wahrgenommener Termin 116
Öffentliche Entschuldigung 116
Einladung an Nachbarn zu einer Aussprache 116
   Zusage auf Einladung zu einer Aussprache 117 – Absage auf Einladung zu einer Aussprache 117

Geschäftliche Briefe im privaten Bereich 118

Mahnungen 118
Geschäftliche Briefe des Privatmanns 118
   Erinnerung – persönliches Darlehen 118
   Mahnung – persönliches Darlehen 119
   2. Mahnung – persönliches Darlehen 119
   Ankündigung Mahnbescheid 121

Briefe an Gerichte 123
   Widerspruch gegen Mahnbescheid 123
   Einspruch gegen Vollstreckungsbescheid 123
   Vollstreckungsauftrag 124
   Erinnerung gegen unzulässige Pfändung 125
   Beauftragung eines Rechtsanwalts 126
Sonstige Schreiben an Gerichte 127
   Benennung eines Zeugen 127
   Entschuldigungsgesuch eines Zeugen 127
   Befreiungsgesuch eines Zeugen 128
   Ausschlagung einer Erbschaft 128

Briefe an das Finanzamt 129
   Antrag auf Stundung der Einkommensteuer 130
   Einspruch gegen Stundungsablehnung 131
   Einverständnis – Gegenvorschlag 131
   Fehler in Steuerfestsetzung 132
   Fristverlängerung zur Abgabe des Lohnsteuerjahresausgleichs . . 133
   Beschwerde gegen Verspätungszuschlag 133
   Verspäteter Einspruch gegen Einkommensteuerbescheid 134
   Beschwerde gegen Säumniszuschlag 134
   Anmeldung der Selbständigkeit 135
   2× Freiberufliche Tätigkeit 135
   Antrag auf Erhöhte Absetzungen für Modernisierungsaufwand . 135
   Wegfall der Vermögenssteuer 136
   Antrag auf Nachträgliche Geltendmachung von Erblasserschuld . 136
   Antrag auf Freibetrag 136
   Antrag auf Berichtigung der Erbschaftssteuerfestsetzung 137

Briefe an Versicherungen 137
Allgemeine Briefe 137
   Beratung Aussteuerversicherung 137
   Bitte um schriftliches Angebot für Lebensversicherung 138
   Beschwerde wegen Vertreterbesuch 139
   Einspruch gegen Beurteilung des Risikos 139
   Bitte um Überblick über die Kontenstände 140
   Verlust des Versicherungsscheins 141
   Einspruch gegen Mahnung 141
   Bitte um Gutschrift einer überbezahlten Prämie 142
   Kündigung 142
Briefe an Krankenversicherungen 142
   Risikozuschlag zur Krankenversicherung 143
   Akzept des Risikozuschlages 143
   Ehefrau scheidet aus Familienversicherung aus 144
   Einspruch gegen erhöhte Prämie 144
   Kündigung der gesetzlichen Krankenversicherung wegen Übertritt in die private Krankenversicherung 145
   Kündigung eines Mitversicherten 146
   Antrag auf »ruhende Mitgliedschaft« 147
Briefe an Sachversicherungen 147
   Einspruch gegen Schadenabrechnung 147
   Außerordentliche Kündigung 148
   Zwei Schadenanzeigen nach Verkehrsunfall 148
   »Geharnischte« Beschwerde 151
   Umwandlung der Vollkaskoversicherung in eine Teilkaskoversicherung 152
   Schadenanzeige – Sturmschaden 153
   Rentenanspruch aus Haftpflichtversicherung 154
Schreiben an Lebensversicherungen 154
   Ablauf der Lebensversicherung 154
   Änderung des Bezugsberechtigten 155
   Rückkauf der Lebensversicherung 155
   Einspruch gegen Risikozuschlag 156
   Abkürzung der Laufzeit 156
   Änderung des Versicherten 157
   Antrag auf Hypothek aus Lebensversicherung 157
   Antrag auf Beleihung, Kündigung der Lebensversicherung . . . 158
   Anfrage nach Beleihungssumme 159
   Antrag auf »Prämienfreistellung« 159
   Bitte um Angabe des Rückkaufswertes 160

Briefe an Behörden 160
   Änderung des Abnehmers 160
   Anfrage an das Elektrizitätswerk 161
   Anzeige wegen unterlassener Hilfeleistung 161
   Einspruch gegen Bußgeldbescheid 162

Briefe an Banken und Bausparkassen 163
   Weiterführung eines Bausparvertrags nach Tod des Bausparers . . 163
   Änderung der Kontonummer 163
   Sperren von Schecks 164
   Sperrung eines Kontos 164
   Abholen der Scheckkarte 165
   Vollmacht 165

Verträge und Briefe zu Verträgen 166
   Kaufvertrag für einen Gebrauchtwagen 166
   Rücktrittsandrohung wegen verspäteter Lieferung 167
   Rücktritt wegen verspäteter Lieferung 167
   Rücktrittsklausel in einem Mietvertrag 168
   Rücktrittsvorbehaltsklausel 168
   Rücktrittsvorbehaltsklausel mit Reuegeldvereinbarung 168
   Zusatz zum Mietvertrag 168
   Rücktritt von einem Mietvertrag mit Rücktrittsklausel 169
   Rücktritt vom Mietvertrag 169
   Rücktritt von einem Mietvertrag ohne Rücktrittsklausel 170
   Rückforderung von zuviel gezahlter Miete 171
   Mahnung auf Rückforderung 172
   Mängelanzeige eines Mieters 173
   Schadenanzeige eines Mieters 173
   Ankündigung der Mietminderung 174
   Mietminderung 174
   Kündigung eines Mietverhältnisses 175
   Widerspruch gegen die Kündigung des Vermieters 176
   Schenkungsverträge 177
   Schenkung eines Kraftfahrzeuges 177
   Schenkung eines Grundstückes 177

Sonstige private Briefe mit geschäftlichem Inhalt 178
   Anforderung der Kopie einer Arztrechnung 178
   2× Änderung der Anschrift 179
   Bitte um Kostenvoranschlag 180
   Auftrag 181
   Einspruch gegen unberechtigte Rechnung 182
   Vorabsendung eines Schecks 182

Mängelrügen – Reklamationen 183
   Abendkleid 184
   Zerbrochene Weinflaschen 184
   Kinderbett 185
   Unberechtigte Nachnahme 186
   Unberechtigte Frachtkosten 187
   Reklamation einer Duschtasse 188
   Bitte um Bestätigung einer Vereinbarung 188
   Schärfere Reklamation 189
   Antrag auf Teilnahme am Lastschriftverfahren 189

Ermächtigung 190
Einspruch gegen Mahnung 190
Bitte an den Hausarzt 191
Zwei Aufträge an einen Notar 191
Bitte um Rücküberweisung 192

Das Testament 193

Nachlaßangelegenheiten 193
Hinweis für Angehörige 193
Nachlaßvollmacht 196

Testament 197
Drei Testamentsversionen 197
Widerruf des Testaments 200
Zusatz zum Testament 200
Eigenhändiges Testament 201
Mehrere Erben, Einsetzung eines Testamentsvollstreckers 201
Ehemann wird als Alleinerbe eingesetzt, Töchter werden auf
Pflichtteil gesetzt 202
Entzug des Pflichtteils 202

Bemerkungen zum Postversand 203

Allgemeines 203
Anschriften 204
Telegramme 205
Postkarten 206
Drucksachen 207
»Normale« Drucksachen 207
Briefdrucksachen 207
Drucksachen zu ermäßigter Gebühr 208

Warensendungen 208
Päckchen 208
Pakete 208

EINFÜHRUNG

Briefeschreiben – Lust oder Last?
Jeder von uns ist auch im Privatleben gezwungen, Briefe zu schreiben, Briefe privaten oder geschäftlichen Inhalts. Der Geburtstagsbrief, der Beileidsbrief, der Brief aus dem Urlaub, die Beschwerde an ein Amt, die Reklamation gegenüber einem Handwerker, die Bitte um Zahlungsaufschub: das sind nur einige wenige Stichworte. Warum schreiben so viele Menschen so ungern Briefe? Vor allem deshalb, weil sie es nicht gut können oder weil sie zumindest glauben, es nicht gut zu können.
Wer wenig Übung im Briefeschreiben hat und auch keinerlei Anleitung bekommt, wird wahrscheinlich sein Leben lang bei seiner gefühlsmäßigen Abneigung gegenüber dieser Aufgabe bleiben. Allerdings wird ihn diese Abneigung keineswegs von allen Korrespondenzpflichten entbinden; sie wird ihn diese immer wieder unumgängliche Arbeit nur noch unangenehmer und härter empfinden lassen, als sie tatsächlich ist.
Wer das erkennt, ist geneigt, sich nach einem Helfer in Buchform, einem unaufdringlichen Ratgeber für die alltäglichen Zweifelsfälle umzusehen. Wenn ein solches Buch viele Muster für viele Situationen enthält, läßt sich manches daraus abschreiben und dabei – eigentlich nebenbei – ohne Lernzwang lernen. Aber – Musterbriefe passen fast nie genau, können gar nicht genau passen; einige eigene Gedanken und Formulierungen muß man stets dazutun.
Notgedrungen fängt man an, sich mit Stilfragen oder, allgemeiner gesagt, mit Sprachfragen zu beschäftigen. Man kann dies aus wachsendem Interesse heraus tun oder auch aus der Erkenntnis heraus, daß man einfach »Deutsch können« müsse. Wie immer, so ist natürlich auch hier das wachsende Interesse der bessere Impulsgeber, denn was wir mit Interesse beginnen, macht – zumindest ein bißchen – Freude, langweilt uns nicht, während reine Pflichterfüllung, auch die Erfüllung selbst gesetzter Pflichten, ziemlich beschwerlich sein kann.

SPRACHE UND ÄUSSERE FORM

Unser Sprachstil gehört zu unserem Ansehen

Stellen Sie sich bitte vor, ein Chemiker, Diplomkaufmann oder Organisator hat einen Bericht geschrieben und Sie, als Vorgesetzter oder als beratender Redakteur, machen ihn auf einige Zeichensetzungsfehler, grammatische Mängel oder stilistische Schwächen aufmerksam. Der Bericht soll veröffentlicht werden, und es kommt also darauf an, ihn fehlerfrei und überzeugend zu gestalten. Was geschieht, jedenfalls häufig? Sprachkritik trifft hart. Der Belehrte oder Beratene reagiert ungehalten, versucht das, was er zu Papier gebracht hat, hartnäckig zu »retten« und bricht vielleicht endlich in den Satz aus: »Ich habe doch schließlich Deutsch gelernt.« Es erfordert von dem Vorgesetzten in solcher Situation viel Taktgefühl und Geschicklichkeit, auch sprachliche Gewandtheit, mit derartigem Unmut fertigzuwerden und den Autor des Berichts zu aufbauender Mitarbeit, zur Zusammenarbeit zu bewegen.

Warum antworten eigentlich so viele Menschen ausgesprochen heftig und aufgebracht, wenn sie einer Kritik »in Sachen Sprache« ausgesetzt sind? Offenbar empfinden sie eine solche Kritik, wenn sie auch noch so sachlich und berechtigt ist, als eine Art gesellschaftlicher Diskriminierung.

Diese Reaktion – mag sie auch falsch sein – läßt uns erkennen, wieviel unsere Sprache zu unserem gesellschaftlichen Ansehen beiträgt. Aber weshalb erinnern wir uns daran gewöhnlich immer erst, wenn wir auf Kritik stoßen? Weshalb versuchen wir statt dessen nicht, vorbeugend Kritik zu vermeiden?

Die Kritik nützen! Beanstandungen gegenüber unserer Schriftsprache sind – wie Schmerzen und Fieber bei einer Krankheit – sehr nützlich für uns, denn im Bereich der Umgangssprache wird kaum jemand Beanstandungen laut werden lassen, sondern sie nur denken, sie im Gedächtnis speichern und den davon Betroffenen entsprechend einstufen. Kritik an unserer Schriftsprache können wir also auch als Warnsignal für unsere Umgangssprache auffassen.

Sprachlicher Ausdruck = Erfolg!

Gesellschaftlicher Nutzen der Sprachpflege, die eine »gepflegte Umgangssprache« zum Ziel hat, geht fast nahtlos in den beruflichen Nutzen über. Auch in seinem Arbeitsbereich ist man ja in der Gesellschaft, wenn auch in einem begrenzten Bereich mit begrenzten Aufgaben und Zielen. Aber gerade in dieser Begrenzung wird unsere Sprache noch deutlicher eine Art Handwerkszeug und Arbeitsmittel, das uns dazu verhelfen muß und dazu dient, Wirkungen zu erzielen. Wenn wir im Gespräch auf der Straße, im Freundes- oder Familienkreis mit unseren Gedanken nicht durchdringen, nicht überzeugen, so ärgern wir uns vielleicht. Wenn uns im beruflichen Schaffen oft ähnliches passiert, so spricht man von Mißerfolg. Wir erreichen nicht, was wir erreichen möchten, unsere Leistung wird nicht so eingeschätzt, wie wir es erhoffen, wird vielleicht unterschätzt, und unsere Arbeit ist uns lästig, bereitet uns wenig Freude. Wer kennt nicht das Bild der mißmutig heimkommenden Schreibdienstleiterin, die ihre Typistinnen nicht zu bändigen weiß, oder des Verkäufers, dem zu wenig Abschlüsse gelingen!
In der Fachzeitschrift »Bürotechnik und Organisation«, Heft 2/70, stand die Klage eines Lesers, der in einem Bankunternehmen durch Einführung der Textprogrammierung die Korrespondenzabwicklung rationalisieren sollte. Er schrieb unter anderem, er habe in einem wichtigen Punkt kein Glück gehabt: »Die Diktanten stellten ihre Mitarbeit ein, als ihr teilweise unmöglicher Text neu formuliert werden sollte. Ausgerechnet die schlechtesten Diktierer beharrten auf ihren Formulierungen, und ich konnte sie auch durch gute Beispiele nicht überzeugen. Mein Bericht an den Vorstand wurde aufgehalten, und eine Entscheidung steht seit drei Monaten aus. Man will die Texte der Sachbearbeiter nicht überarbeiten lassen, und ich nehme jetzt meinen Hut.«
Soweit wir das beurteilen können, wollte dieser Mann etwas leisten, er war mutig genug, sich für etwas Neues einzusetzen, es ging ihm darum, für die Firma, in der er tätig war, einen Fortschritt zu erzielen. Ohne Einverständnis und Mitarbeit anderer war das jedoch nicht möglich. Alles hing davon ab, sie zu überzeugen. Und wodurch überzeugt man? Durch eine kluge, in die richtigen Worte gekleidete Einstellung.
Dieser Fall ist besonders deshalb für unsere Betrachtung geeignet, weil er sichtbar macht, daß selbst eine als nützlich und sinnvoll

anerkannte Sache zum Scheitern verurteilt ist, wenn sie – falls Widerstände auftreten – nicht überlegt oder gewandt genug vertreten wird.

Mit Kolleginnen und Kollegen gut auskommen, Erfolgsneid vermeiden, brauchbaren Vorschlägen Anerkennung verschaffen, eine Ware oder Leistung verkaufen, mündlich oder schriftlich, Mitarbeiter behutsam und doch energisch führen, in schwierigen Situationen nicht aufgeben, sondern kühlen Kopfes argumentieren: Es ist stets, neben der richtigen Einstellung, eine Sache der Sprache. Worauf kommt es vor allem an?

1. Befleißigen Sie sich einer Sprache, die von negativen Emotionen, aber auch von allzu gefühlsbetonten positiven Formulierungen weitgehend frei ist.

Wenn Sie sich zum Beispiel über einen Vorwurf ärgern, wenn Sie über eine telefonische oder schriftliche Mitteilung eines Freundes oder eines Lieferanten entrüstet sind: Reagieren Sie nicht in der gleichen Weise, sondern schlagen Sie einen ganz anderen Ton an. Verblüffen Sie, verlegen Sie den mündlichen oder schriftlichen Wortwechsel in eine sprachlich bessere Luft. Antworten Sie sachlich und – wo immer es vertretbar ist – entgegenkommend, indem Sie etwas Verbindendes betonen.

2. Drücken Sie sich klar aus.

»Es sollte generell einmal in Erfahrung gebracht werden, ob unsere Belange nicht schneller beantwortet werden können.« Ein solcher Satz ist das Gegenteil von Klarheit. Von einem Wortfehler abgesehen – Belange kann man nicht beantworten –, läßt der Schreiber offen, wer eigentlich etwas in Erfahrung bringen soll und wann das geschehen soll. Unklare Mitteilungen, insbesondere Anweisungen, führen immer leicht zu schlechten Leistungen und zu Mißverständnissen.

Prüfen Sie einmal eine Zeitlang das, was andere sagen und schreiben, unter dem Gesichtswinkel dieser beiden Forderungen. Und prüfen Sie außerdem auch Ihre eigenen Äußerungen.

Wenn Sie Fehler in diesem Sinne erkennen, versuchen Sie bitte, diese Fehler für sich in künftigen Fällen zu vermeiden. Sobald Sie nachweislich feststellen, daß Sie mit einem klug gewählten Wort mehr erreichen als mit einem unbesonnenen Wort, wird Ihnen diese sprachliche Verhaltensänderung Spaß zu machen beginnen. Sie werden lernen, über ein augenblickliches Rechtbehalten und Abreagieren hinweg Ihr eigentliches Ziel zu sehen und zu verfolgen.

Mit einer solchen sprachlichen Verhaltensänderung entwickelt sich jedoch zugleich eine Denk- und Gefühlsänderung. Sie werden in ärgerlichen Auseinandersetzungen ruhiger urteilen, in Konfliktfällen gelassener reden und handeln, in Mißerfolgssituationen Depressionen leichter überwinden.

Verglichen mit vielen Tieren, sind wir körperlich ziemlich schwach, und verglichen mit den technischen Einrichtungen, die wir selbst geschaffen haben – denken wir nur an den Computer –, sind wir reichlich unzulänglich ausgestattete Wesen. Durch unsere Sprache aber sind wir Tieren und Technik in unserem Vermögen haushoch überlegen – können wir es sein, wenn wir sie sinnvoll gebrauchen.

Die Sprache: Wichtigstes Mittel der Beeinflussung!

Genaugenommen müßten wir in der Überschrift vom »Beeinflussungsnutzen« und vom »Beeinflussungsschaden« sprechen, denn wir vermögen durch die Sprache sowohl positiv als auch negativ zu beeinflussen.

Was geschieht im wesentlichen beim Sprechen und Schreiben, beim Hören und Lesen? Eine Person, der Sender, produziert Informationen, eine andere Person, der Empfänger, nimmt sie auf, und diese Informationen teilen etwas über Gegenstände und Sachverhalte mit. Wenn die Sprache, die der Sender gebraucht, sehr gefühlsbetont ist und der Empfänger womöglich auch noch leicht darauf anspricht, so wirken die Informationen auf ihn vor allem als Signale und Appelle; sie veranlassen ihn zu Reaktionen. Ist die Sprache dagegen sachlich, lenkt sie den Empfänger vor allem auf den gedanklichen Inhalt und wirkt als Impuls für seinen Verstand. Bei sachbetonter Sprache oder bei gefühlsbetonter Sprache und stark sachbetontem Empfänger geschieht noch etwas Weiteres: Der Empfänger kann aufgrund der Sprache des Senders auf dessen Zustand oder dessen Absichten schließen. Denn die Sprache beeinflußt nicht nur, indem sie Informationen über Gegenstände und Sachverhalte übermittelt, sie ist auch Ausdruck dessen, der sie auf seine ganz besondere Weise benutzt. Auch hier ist natürlich Beeinflussung im Spiel. Nur daß diese Beeinflussung indirekt zustande kommt und oft vom Sender gar nicht gewollt ist.

Stellen Sie sich bitte den sehr einfachen und sehr alltäglichen Fall vor, daß jemand einen anderen lautstark beschimpft und bedroht. Wenn der Beschimpfte und Bedrohte für solche sprachliche Emotionen empfänglich ist, wird er ausschließlich die Beschimpfung und Bedrohung empfinden und entweder die Flucht ergreifen oder in ähnlicher Weise zum Gegenangriff übergehen. Wenn er dagegen kühlen Kopf zu bewahren vermag, wird er die Art, wie der Sender sich ausdrückt, sachlich zu werten wissen. Zum Beispiel erkennt er vielleicht, daß der andere nur deshalb so schreit, weil er in Wirklichkeit Angst hat. Auch diese Erkenntnis des Empfängers wirkt beeinflussend, wenn auch nicht unbedingt im Sinne des Senders.

Man hat häufig von einer verderbten Sprache, einer verfremdeten oder gar unmenschlichen Sprache gesprochen. Es gibt zum Beispiel ein Buch mit dem Titel »Aus dem Wörterbuch des Unmenschen«, das sich mit der »Führer«-Sprache im Dritten Reich beschäftigt. Was hat es damit auf sich? Gibt es so etwas wie eine unmenschliche Sprache?

Zum Beispiel ist seit der Zeit des Dritten Reiches das Wort »betreuen« verdächtig, denn mit dem zunächst harmlos klingenden Ausdruck »Judenbetreuung« war »Judenverschleppung« oder »Judenvergasung« gemeint. Aber – ist hier die Sprache schuldig geworden? Gewiß nicht. Die »Betreuung von Geisteskranken« etwa kann eine sehr fürsorgliche, aber auch eine sehr menschenfeindliche Tätigkeit sein. Nicht die Sprache, sondern der Mensch trägt die Verantwortung dafür.

Durch die Sprache haben wir die Möglichkeit, uns auszudrücken: klar oder verschwommen, verdeutlichend oder verschleiernd, nachlässig oder korrekt, geschwätzig oder unterrichtend. Wenn jemand »betreuen« in einem Sinne versteht und gebraucht, der dem Sinn des Stammwortes »treu« widerspricht, so ist der sprechende Mensch, nicht dagegen die Sprache zu tadeln.

Wir können uns dem Einfluß unserer Sprache auf unser Tun und Lassen, Denken und Fühlen, auf unser ganzes Leben gar nicht groß genug vorstellen. Die Sprache ist das Medium, durch das wir unsere Welt sehen und beurteilen.

Zusammengefaßt: Wir beeinflussen unsere Umgebung durch unsere Sprache. Unsere Umgebung beeinflußt uns durch ihre Sprache. Und schließlich beeinflußt sogar die Sprache sowohl uns als auch unsere Umgebung.

Ist es bei so engen Verkettungen, Zusammenhängen, Abhängigkeiten nicht außerordentlich wichtig, ja oft entscheidend, daß wir darauf achten, wie wir sprechen und schreiben, hören und lesen? Sorgfältig oder schludrig, konzentriert oder zerstreut?

Bedenken wir doch, daß wir mit unserer Sprache nicht nur konkrete oder abstrakte Wirklichkeiten, Geschehnisse oder Gedanken übermitteln, sondern daß wir darüber hinaus oft Wirklichkeiten schaffen!

Wenn Sie des öfteren Fußballspiele im Fernsehen verfolgt haben, so werden Sie vermutlich hin und wieder mit dem Kommentar des Ansagers unzufrieden gewesen sein. Seine Worte schienen Ihnen die Ereignisse auf dem Spielfeld nicht angemessen wiederzugeben. Und nun erinnern Sie sich an die fernsehlose Zeit! Damals hätten Sie keine Möglichkeit gehabt, zwischen den Ereignissen und dem Bericht darüber einen Widerspruch zu entdecken. Der schlecht ansagende Reporter hätte in diesen Fällen Gedanken und Gefühle in Ihnen erzeugt, hätte damit eine Wirklichkeit geschaffen, die im Verhältnis zu den Tatsachen, auf die sie sich bezogen hätte, nicht angemessen gewesen wäre.

Was auf dem relativ harmlosen Gebiet des Sports gilt, gilt ebenso im Wirtschaftsleben oder in der Politik: Worte verändern oder schaffen Wirklichkeiten, Worte machen Geschichte!

Der Privatbrief: natürlich, angemessen, lebendig

Nach den grundsätzlichen Betrachtungen nun einige handfeste Hilfen. Unsere Überschrift sagt schon, worauf es ankommt:

1. Unsere Sprache soll natürlich sein.
2. Ausdruck und Stil müssen dem Gegenstand angemessen sein.
3. Die Darstellungsweise ist so lebendig zu gestalten, daß sich der Leser
   nicht langweilt, sondern unsere Gedanken aufmerksam »nachdenkt«.

Halten Sie die folgende Aussage für natürlich?

> Lieber Schwiegervater,
>
> nachdem ich die Frage Deiner vorzeitigen Berentung, datiert auf das 63. Lebensjahr, eingehendst eruiert habe, kann ich Dir erfreulicherweise mitteilen, daß einem solchen Vorziehen der Rentenzahlung im Rahmen der flexiblen Altersgrenze grundsätzlich nichts im Wege steht. Allerdings ist dabei zu berücksichtigen...

Sicherlich würden Sie sich als Schwiegervater für eine solche Auskunft «bedanken». Viel angenehmer wäre es Ihnen, wenn Sie läsen:

> Lieber Schwiegervater,
>
> ich habe Deine Rentenfrage genau geprüft. Ja, Du kannst schon mit 63 Jahren Rente beziehen. Natürlich bekommt man nichts geschenkt. Die Sache würde sich so auswirken:...

Halten Sie es für angemessen, wenn die Kegelbrüder an die Witwe ihres ehemaligen Mitkeglers in folgender Art und Weise schreiben:

Sehr verehrte Frau Müller,

nachdem Ihr lieber Gatte, unser hochgeschätzter Freund und Kegelbruder, nun so plötzlich und unerwartet dahingegangen ist, empfinden wir es als ein inneres Bedürfnis, Ihnen zutiefst erschüttert unsere aufrichtigste Anteilnahme zum Ausdruck zu bringen.
Wie fröhlich und lebenslustig war er doch immer...
Wir werden ihn niemals vergessen, sondern ihm in unserer Mitte stets ein ehrendes Andenken und unsere unverbrüchliche Treue bewahren.

Oder meinen Sie nicht auch, daß es so besser wäre:

Sehr verehrte Frau Müller,

Ihr lieber Mann, unser Freund, ist nicht mehr unter uns; sein plötzlicher Tod hat uns erst erschreckt, dann still und nachdenklich gemacht.
Wir werden unseren Fritz Müller vermissen, wir werden ihn nicht vergessen.

Halten Sie den folgenden kleinen Urlaubsbericht für lebendig, anschaulich, lesenswert?

Liebe Mutter,

nachdem Ingrid und ich wohlbehalten hier in Montana angelangt waren und die Koffer ausgepackt hatten, sind wir sofort zu unserem ersten Spaziergang aufgebrochen. Wie schön und erhaben sind doch die Berge! Wie herrlich ist die Luft in dieser Höhe!
Als wir fürs erste genug marschiert waren, ließen wir uns ein üppiges Abendbrot nach Schweizer Art servieren, und nun sitzen wir ebenso müde wie zufrieden noch bei einem guten Glas Wein zusammen, um den erlebnisreichen Tag ausklingen zu lassen.

Oder wäre die folgende Schilderung für Sie interessanter?

Liebe Mutter,

wir sitzen in einer schummerigen Bauernstube bei einem Glas Rotwein zusammen, blicken auf einen erlebnisreichen Tag zurück und – denken an Dich.

Als wir am frühen Nachmittag hier in Montana ankamen, wollten wir gleich einen Spaziergang machen. Dazu stellte sich unerwartet ein eifriger Begleiter ein: der Pudel unserer Wirtsleute. Er merkte wohl, daß sich mit uns spielen lassen müßte, und nahm die Gelegenheit wahr.
Unser erster Eindruck: Die Luft ist blauer, die Wiesen leuchten grüner, und die Berge sind natürlich höher, als wir es je gesehen haben. Damit Du Dir die Landschaft wenigstens ungefähr vorstellen kannst, haben wir sofort ein paar Schnellfotos gemacht. Hier sind sie. Was sagst Du?

Und erinnern Sie sich nun einmal an das, was sonst so aus dem Urlaub berichtet wird. Gegen vieles, was wir zu lesen bekommen, ist selbst die erste Fassung noch Gold. »Uns geht es gut. Wie geht es Euch...« Nein, so geht es nicht. Man muß sich schon ein bißchen mehr einfallen lassen, sonst ist es fast besser, überhaupt nicht zu schreiben oder sich mit einer Kürzestgrußfassung zu begnügen.

Lassen sich aus diesen kleinen Beispielen allgemeingültige Regeln ableiten, konkrete Ausführungsregeln zu den Grundregeln, die wir am Anfang genannt haben?

1. Verwenden Sie in Ihren Briefen keine Wörter und Wendungen, die Sie nicht auch im Gespräch gebrauchen würden!
2. Versuchen Sie nicht im Sonntagsstil nur über großartige Dinge zu schreiben, sondern schildern Sie mit einfachen, klaren Worten die kleinen Dinge, die Ihnen begegnen, mit denen Sie zu tun haben, die Ihnen am Herzen liegen!
   Der schwarze Pudel der Wirtsleute, der sich unbändig im hohen Gras der Bergwiese wälzt und um eine muhende Kuh respektvoll einen Bogen macht, ist interessanter als »die erhabene Bergwelt mit den grünen Matten und den großartigen Felsmassiven, die drohend in den Himmel ragen«. Nichts gegen die Bergwelt. Aber sie gewinnt nur Leben, wenn man sie so anschaulich wie den kleinen Pudel schildert.
3. Stellen Sie sich auf Ihren Briefpartner ein!
   Überlegen Sie sich, worüber er etwas lesen möchte. Sagen sie etwas zu dem, was er in seinem Brief geschrieben oder in seinem Anruf erwähnt hat! Reden Sie nicht nur über sich selbst, denken Sie nicht nur an sich: stellen Sie ihn in den Mittelpunkt.
4. Schreiben Sie so, wie Sie sprechen. Das heißt unter anderem: Versuchen Sie nicht, kunstvolle Satzkonstruktionen vorzuführen, sondern bevorzugen Sie kurze Sätze, die Sie mit etwas längeren, aber immer leicht verständlichen Sätzen abwechseln.

5. Wechseln Sie auch die Satzarten, wo immer sich inhaltlich die Gelegenheit dazu bietet. Unsere Sprache besteht nicht nur aus braven Aussagesätzen. Vergessen wir die Fragen, Aufforderungen, Ausrufe, Einschübe nicht! Was noch zur Bereicherung beitragen kann? Doppelpunkte und Gedankenstriche. Wenn es für Sie auch zuerst ungewohnt ist: versuchen Sie es – hin und wieder!
6. Legen Sie – bei Briefen an Verwandte und gute Freunde zumindest – mehr Wert auf Lebendigkeit als auf Korrektheit!

Wir haben an anderer Stelle davon gesprochen, daß Nachlässigkeit im Umgang mit der Sprache – Verstöße gegen Grammatik, Rechtschreibung, Zeichensetzung – einen ungünstigen Eindruck hervorrufen kann. Das ist richtig. Also: Vorsicht! In Texten wie einem Bewerbungsbrief: Doppelte Vorsicht!

Aber die bei uns verbreitete Neigung zur Korrektheit darf nicht so weit gehen, daß sie »Verstand und Herz blockiert«, so daß man gequält vor seinem leeren Blatt Papier sitzt und kaum einen geraden Satz herauszukriegen weiß. Man könnte sich ja vertun, ungeschickt ausdrücken, blamieren.

Diese Scheu, ja Angst vor schriftlichen Äußerungen ist bei vielen ein Nachhall aus der Schulzeit: weil eben im Diktat oder Aufsatz jeder Regelverstoß unnachsichtig geahndet wurde.

Wir müssen uns »freischreiben«, selbst auf die Gefahr hin, daß einmal ein paar Fehler unterlaufen. Wenn ein Brief »rote Backen« hat, dürfen wir sicher sein, daß kleine Schnitzer verziehen werden. Langeweile dagegen ist unverzeihlich.*

Der Geschäftsbrief: kurz, klar, überzeugend

Welche Unterschiede müssen wir zwischen dem Privatbrief und dem Geschäftsbrief machen? Sprachlich fast gar keine. Ist das ein Schock für Sie? Ruft diese Behauptung Ihren Widerspruch hervor? Bringt sie Ihr Lehr- und Lerngebäude ins Wanken?
Sie haben recht: die Praxis sieht noch weitgehend anders aus. Aber – die Zeiten ändern sich; sie haben schon begonnen, sich zu ändern. Entscheidend.

---

* Weitere Rezepte für die Privatkorrespondenz sowie Musterbriefe für viele Anlässe finden Sie in ht 301, »So schreibt man Briefe besser!« von W. Freiberger und B.-B. Gschwind, Humboldt-Taschenbuchverlag, München.

Notizen und Hinweise in Presse, Funk und Fernsehen mehren sich:

> Besseres Deutsch!
> Unter dem Aktenzeichen V 2 131 510/1 hat der Bundesinnenminister durch Rundschreiben die Bundesbeamten angewiesen, weniger Fremdwörter zu gebrauchen und sich in einer »einwandfreien und jedermann verständlichen Gesetzes- und Amtssprache« auszudrücken.

Was das bedeuten kann, zeigen Ihnen die beiden folgenden Fassungen eines amtlichen Schreibens an eine Privatperson.

Fassung 1

> Der Landrat
> des Landkreises xxxx
> L I/2 –   xxx xxxx, den 23. Sept. 19..
>
> Frau Karin Dehmel
> xxx xxxxx xxxxxxx
> xxxx xxxxxxxxxxxx
>
> Betr.: Haftpflichtversicherung für das Kraftfahrzeug
>   (§ 29 c StVZO), XX – XXXXX
>
> Sehr geehrte Frau Dehmel,
>
> laut Mitteilung Ihrer Versicherungsgesellschaft besteht seit dem 08.09... für Ihr o. a. Fahrzeug kein Versicherungsschutz.
> Sie werden daher gebeten, entweder durch Vorlage einer neuen Versicherungskarte innerhalb von sieben Tagen den Nachweis über das Bestehen eines Haftpflichtversicherungsschutzes zu erbringen oder das Kraftfahrzeug unter Bezugnahme auf dieses Schreiben abzumelden.
> Bei der Abmeldung zur vorübergehenden oder endgültigen Stilllegung des Fahrzeugs sind der Kraftfahrzeugschein, der Kraftfahrzeugbrief und die Kennzeichenschilder hier vorzulegen.
> Sollten Sie nicht mehr im Besitze des Kraftfahrzeuges sein, so bitte ich, mir innerhalb der vorgenannten Frist den Verkaufstag und die genaue Anschrift des jetzigen Halters bekanntzugeben.

Sofern Sie dieser Aufforderung nicht nachkommen sollten, wäre ich gezwungen, gegen Sie Strafanzeige zu erstatten und das Fahrzeug durch die Polizei umgehend stillzulegen. Die Gebühren für diese Zwangsmaßnahme betragen gem. Ziff. B Nr. 31 der Gebührenordnung für Maßnahmen im Straßenverkehr vom 15. 7. 19.. (BGBl S. 420) ... DM und wären auch dann fällig, wenn die Voraussetzung der zwangsweisen Stillegung erst nach Einleiten der Zwangsmaßnahme beseitigt würde.

Gleichzeitig mache ich darauf aufmerksam, daß die danach fällige Gebühr, sofern sie innerhalb von 14 Tagen nicht eingegangen ist, zwangsweise eingezogen wird.

Mit vorzüglicher Hochachtung
Im Auftrage

Fassung 2

Der Landrat
des Landkreises xxxxx
L I/2 –   xxxx xxxx 23.09...

Frau Karin Dehmel
xxx xxxxxx xxxxxx
xxxx xxxxxxxxxxx

Haftpflichtversicherung für das Kraftfahrzeug XX – XX XXX (§ 29 c StVZO)

Sehr geehrte Frau Dehmel,

Ihre Versicherungsgesellschaft hat uns mitgeteilt, daß für Ihr Fahrzeug seit dem 08. 09. .. kein Versicherungsschutz mehr besteht.

Bitte legen Sie uns bis zum 30. 09. .. eine neue Versicherungsdeckungskarte vor, oder melden Sie das Fahrzeug bis dahin ab.

Falls Sie das Fahrzeug vorübergehend oder endgültig abmelden, brauchen wir den Kraftfahrzeugschein, den Kraftfahrzeugbrief und die Kennzeichenschilder. Sollte das Fahrzeug nicht mehr in Ihrem Besitz sein, geben Sie uns bitte den Verkaufstag und die Anschrift des Käufers an.

Auf folgendes muß ich Sie aufmerksam machen: Wenn Sie diese Aufforderung nicht beachten, bin ich gezwungen, Strafanzeige gegen Sie zu erstatten und das Fahrzeug durch die Polizei stillegen zu lassen. Dabei entsteht eine Gebühr von ... DM, auch dann, wenn Sie der Aufforderung zu spät nachkommen; die Gebühr wird nach 14 Tagen zwangsweise eingezogen. Bitte ersparen Sie uns die Arbeit und sich selbst die Kosten.

Mit freundlichem Gruß
Im Auftrag

Finden Sie nicht auch, daß der Unterschied zwischen diesen beiden Fassungen beträchtlich ist? Zur Verdeutlichung hier noch einmal drei Ausdrücke gegenübergestellt:

für Ihr o. a. Fahrzeug	für Ihr Fahrzeug (Es kann ja nur um das »o. a.« gehen.)
Sie werden daher gebeten, ...	Bitte ...
Zwecks Vermeidung der Ihnen sonst entstehenden Kosten bitte ich Sie nochmals um schnellste Erledigung meines obigen Ersuchens.	Bitte ersparen Sie uns die Arbeit und sich selbst die Kosten.

Dem Hang zur Ernsthaftigkeit, zur Wichtigkeit, zum Bedeutungsvollen im Leben des Erwachsenen nachgebend, haben wir eine Sonderform der Imponiersprache entwickelt, die ein seltsames Gemisch aus angestrengt verfolgter Seriosität und Bescheidenheit, wichtigtuerischer Geheimbundwendungen und totaler Humorlosigkeit ist.
Kürzlich sagte ein junger Mann in der Ausbildung: »Wenn ich mir unsere modernen technischen Produkte ansehe, die wir verkaufen, und daneben die Urgroßvatersprache, mit der wir sie anbieten, dann habe ich das Gefühl, hier paßt aber auch nichts zusammen!« Recht hat er.
In diesem Zusammenhang ist oft vom »Kaufmannsdeutsch« und vom «Kanzleideutsch« die Rede. Und genau dieser Papiersprache (Sprache, die nicht im Gespräch, sondern auf dem Papier realisiert wird) schließen wir uns als Privatleute gern an, sobald wir mit Geschäftsleuten oder Amtspersonen zu korrespondieren haben.
Zur Klärung: Es geht hier nicht um Fachausdrücke, wie sie jeder Bereich kennt und braucht: »Regreß«, »Skonto«, »Abfindungserklärung«, »Mahnbescheid« und viele andere Vokabeln sind unentbehrlich. Was wir mit Papierdeutsch meinen, ist etwas anderes.

»Ich bestätige Ihnen bestens dankend den Erhalt Ihres gesch. Angebots betreffs Ausbau des Dachbodens meines Einfamilienhauses. In der Anlage überreiche ich Ihnen ergänzend zu meiner derzeitigen Anfrage noch eine Skizze, die Sie bitte in Ihre Planung mit einbeziehen wollen.«

»Zu meinem Bedauern muß ich feststellen, daß mir auf meine obige Reklamation bis heute noch keine entsprechende Antwort von Ihnen vorliegt. Zwischenzeitlich habe ich diesbezüglich auch bereits schon zweimal bei Ihnen angerufen, wurde jedoch jeweils mit Versprechungen vertröstet. Ich sehe mich nunmehr gezwungen, Sie letztmalig dringendst zu ersuchen, die fragliche Angelegenheit zu bearbeiten bzw. in Ordnung zu bringen, anderenfalls ich mir rechtliche Schritte ausdrücklich vorbehalte. Ihren weiteren Nachrichten baldmöglichst entgegensehend, verbleibe ich ... «

Kleine, unscheinbare Wörter sind es oft, die unsere Texte zu verknöchert, so »kleinbürgerlich« wirken lassen: bestens dankend, gesch. Angebot, betreffs, in der Anlage, überreichen, derzeitig, die Sie ... wollen, muß ich feststellen, obig, entsprechend, zwischenzeitlich, diesbezüglich, bereits schon, sehe ich mich gezwungen, letztmalig, dringendst, ersuchen, bzw., baldmöglichst, entgegensehend, verbleibe ich ...

Und wie lauten unsere Beispieltexte in normalem Deutsch?

»Vielen Dank für Ihr Angebot. Bitte berücksichtigen Sie bei Ihrer Planung noch die beigefügte Skizze.«

»Ich habe Ihnen geschrieben, ich habe zweimal angerufen: meine Reklamation ist immer noch nicht bearbeitet. Bitte bringen Sie die Sache bis zum ... in Ordnung, damit ich keine rechtlichen Schritte einzuleiten brauche. Im voraus vielen Dank.«

Die folgende Zusammenstellung bürokratischer Ausdrücke und Wendungen soll Ihnen helfen, sich systematisch vom Papierdeutsch der verwalteten Welt zu entfernen. Vielleicht kennen Sie weitere Vokabeln und Satzbrocken dieser Art, die dazu passen. Schreiben Sie alles auf, was Ihnen einfällt. Wenn Sie einmal ein halbes oder ganzes Jahr, je nach Häufigkeit Ihrer Schreibaufgaben darauf achten, dieses Ärmelschonerdeutsch zu vermeiden, können Sie Ihre »Verbotsliste« getrost zur Seite legen: Sie werden die meisten dieser Wörter und Wendungen nicht mehr über die Lippen bringen.

Vermeiden Sie bitte:

alsbald, alsdann	Ihrerseits, ihrerseits
antwortlich	in der Anlage
baldgefällig, baldgefl.	Inangriffnahme
baldmöglichst, baldmögl.	Inaugenscheinnahme
beifolgend	konform gehen
bestens	kulanterweise
bezüglich	minimalste
Bezugnahme	mittels, mittelst
bzw.	obenerwähnte, obengenannte, o. g.
dartun	optimalste
derselbe ...	seinerseits
des Monats, d. M.	seitens
diesbezüglich	u. E., unseres Erachtens
dieserhalb	u. W.
des Jahres, d. J.	Unterzeichnete(r)
einiggehen	vermittels(t)
entgegenkommenderweise	vorerwähnte
geschätzt. ..	vorgenannte, v. g.
gleichsam, gleichwohl	Zurverfügungstellung

Vermeiden Sie bitte ...	*in der Bedeutung von ...*
	in Wendungen wie ...
anliegend, beigefügt	Anliegend (beigefügt) sende ich Ihnen ...
Aufgabe; aufgeben	Angabe; angeben, nennen
bekanntgeben	angeben, nennen
dürfen	Ich darf Ihnen mitteilen ...
einreichen, überreichen, herreichen, hergeben	senden, schicken
zurückreichen	zurücksenden, zurückschicken
hiermit, hierdurch	Ich bestätige hiermit (hierdurch) ...
höflich(st), höfl.	Ich bitte höfl. ...
in Höhe	der Betrag in Höhe von ... DM
mitteilen	Ich möchte Ihnen mitteilen ...
Rückantwort; Rückvergütung	Antwort; Vergütung
wieder zurücksenden	zurücksenden
wollen	Sie wollen bitte ...

Einleitungsfloskeln wie: Unter Bezugnahme auf Ihr Schreiben vom ... teile ich Ihnen mit ... In Beantwortung Ihres Anrufs vom ... Antwortlich ...

Schlußfloskeln wie: In der Hoffnung, Ihnen mit diesen Angaben gedient zu haben, verbleibe ich ... Ihren weiterenNachrichten mit Interesse entgegensehend, empfehle ich mich Ihnen ...

Papierwendungen wie: Bei Durchsicht meiner noch schwebenden Verfahren ... der Ordnung halber ... zu Ihrer gefl. Bedienung ... zu Ihrer Kenntnisnahme ... zu Ihrer Unterrichtung ... zu meiner Entlastung.

Vorreiter wie: In diesem Zusammenhang möchte ich nicht versäumen, ausdrücklich darauf hinzuweisen, daß ...

Streckkonstruktionen wie: In Anrechnung bringen, zum Versand bringen, in Rechnung stellen, in Vorlage treten, in Vorschlag bringen ...

Einschränken bitte: angesichts, anheimstellen, anläßlich, entsprechend, gegebenenfalls (ggf.), hinsichtlich, übrigens; gewähren; ablehnen, zurückweisen; bringen, durchführen, vornehmen, erfolgen.

Mit der Entfernung vom Papierdeutsch nähern wir uns zugleich der kurzen, klaren, überzeugenden Ausdrucksweise, wie sie in der Überschrift dieses Kapitels gefordert wird. Sie erkennen es an unseren kleinen Beispielen:

1. Die Texte sind bei der Entrümpelung zugleich entscheidend kürzer geworden.
   Damit sparen wir uns selbst und unseren Lesern Zeit und Geld. Kürze in geschäftlichen Informationstexten ist ein Gebot der Höflichkeit.

2. Die Texte sind außerdem klarer geworden.
   Wenn man sich kurz fassen will, *muß* man sich klar ausdrücken. Wer mit vielen Worten wenig sagt, pflegt um das Wesentliche herumzuformulieren. In kurzen Texten steht das Wesentliche ganz von selbst im Vordergrund. In überladenen, langen Texten verschwindet es oft zwischen Nebensächlichkeiten und Redensarten.

3. Kürze und Klarheit gehören zu den wichtigsten Überzeugungsmitteln. Der Briefpartner hat den Eindruck, daß wir wissen, was wir wollen. Er versteht unsere Nachricht auf Anhieb.

Ein Merkmal muß allerdings hinzukommen, ein Merkmal, das wir schon beim Privatbrief besprochen haben: Der Text muß die Person und die Situation des Lesers berücksichtigen. In *einem* Satz: Vom Ich-Stil zum Du-Stil!

Wie gelingt uns das? Es ist in erster Linie gar keine sprachliche Leistung, die wir dazu vollbringen müssen; in erster Linie ist es eine Einstellungsfrage. Es gibt Menschen, die flüssig und elegant formulieren können und dennoch nie einen überzeugenden Brief fertigbekommen. Deshalb nicht, weil sie eine falsche Einstellung zu ihren Mitmenschen haben.

Die alten Kaufleute hatten oft das Wort »dienen« im Mund, das uns ja auch in »Dienstleistung« erhalten geblieben ist. Nun, wir sollten nicht mehr »stets zu Ihren Diensten« sein und nicht mehr »hoffen, Ihnen gedient zu haben«. Die Formulierungen sind unrettbar veraltet. Aber die Sache gibt es auch heute und morgen. Wer sich nur auf das Geld oder die Leistung anderer konzentriert, wird es schwer haben, daranzukommen. Wer sich auf seine eigene Leistung für die anderen konzentriert, dem werden die angemessenen Gegenwerte von selbst zufallen.

Fragen wir noch einmal: Wie gelingt es uns, die richtige Einstellung zum Briefpartner zu finden und sie in unserem Brief deutlich werden zu lassen? Wir brauchen nur ein wenig unsere Phantasie zu bemühen und uns in die Lage des anderen zu versetzen: die richtigen Worte werden uns dann mit Sicherheit nicht fehlen.

Die äußere Form des Geschäftsbriefes

Auch die Frage nach der Aufmachung kann Kopfzerbrechen bereiten. In diesem Fall behandeln wir den geschäftlichen Brief vor dem privaten, weil seine Form genau festgelegt ist und weil man von dieser festen Grundlage aus dann leicht kleine Abwandlungen für den privaten Gebrauch entwickeln kann. Ein Beispiel (siehe S. 30):

Name des Absenders

Anschrift des Absenders	Telefonnummer und
	Bankverbindung des Absenders
	23.08...

Baustoff GmbH & Co KG
Personalabteilung
Herrn Masch
Wallburgstraße 3

2000 Hamburg

Abrechnung

Sehr geehrter Herr Masch,

auf Einladung von Herrn Peter bin ich am 20.08... nach Dortmund in Ihre Zweigstelle gefahren, um einige Fachfragen zu klären. Bitte erstatten Sie mir die Reisekosten gemäß folgender Aufstellung:

Beleg Nr.	Art	Betrag
1	Taxi: Wohnung - Flughafen München	...,.. DM
2	Flug: München - Düsseldorf - München	...,.. DM
3	Bus: Düsseldorf Flughafen - D'dorf Hbf	.,.. DM
4	DB: Düsseldorf - Dortmund - Düsseldorf	...,.. DM
5	Taxi: Dortmund Hbf - Baustoff GmbH	...,.. DM
6	Taxi: Baustoff GmbH - Dortmund Hbf	...,.. DM
7	Bus: Düsseldorf Hbf - D'dorf Flughafen	.,.. DM
8	Taxi: München Flughafen - Wohnung	...,.. DM
		...,.. DM

Herr Peter und ich haben vereinbart, daß wir uns am 30.09... in München mit

        Herrn Gast

treffen, um die letzten Fragen zu klären. Erst nach diesem Gespräch werde ich entscheiden können, ob ich ab 01.01... für die Baustoff GmbH & Co KG arbeite.

Mit freundlichem Gruß   Anlage

Dazu einige Hinweise:

Die Anschrift des Absenders wird so gesetzt, daß sie in der obersten Zeile des Fensters eines Fensterumschlages erscheint. Es gibt dafür zwei Formen. Form A: Oberer Blattrand bis oberer Fensterrand = 27 mm. Form B: 45 mm.

Danach richtet sich nun alles andere im Briefkopf. Am besten, man läßt die Briefkopfangaben mit der Anschrift des Absenders im Fenster des Umschlages abschließen. Das heißt, Name, Telefonnummer, Bankverbindung und sonstige Angaben stehen teils oberhalb, teils in dieser Linie. Optisch günstig ist es, diesen Teil des Briefblattes durch einen durchgezogenen Strich vom Schreibteil abzugrenzen.

Das Anschriftfeld umfaßt 9 Zeilen. Die erste Zeile ist für Angaben wie »Eilzustellung« und »Einschreiben« reserviert. Nach solchen Hinweisen soll eine Leerzeile folgen, so daß die Anschrift in der 3. Zeile beginnt.

Wird die Anschrift zu lang (bei Auslandsanschriften zum Beispiel), darf sie eine Zeile höher gezogen werden; dann muß allerdings, wenn vorhanden, ein Hinweis auf die Sendungsart unterstrichen werden, damit er sich vom Anschriftentext deutlich abhebt.

Das Datum kann man rechts oben in die erste Zeile unterhalb des Briefkopfes setzen, aber auch irgendeine andere Stelle dafür wählen. Es ist eine Frage der Zweckmäßigkeit.

In der Anschrift werden alle früher üblichen, aber im Grunde überflüssigen Bestandteile heute weggelassen, zum Beispiel »An«, »Firma« (wenn der Name den Firmencharakter ohnehin deutlich macht), »zu Händen«, Zusätze wie »am Rhein«.

Wie die Anschrift zu schreiben ist, hat die Post in den letzten Jahren allgemein bekanntgemacht, so daß wir hier nicht darauf einzugehen brauchen.

Der Betreff steht mit zwei Leerzeilen Abstand über der Anrede. Das Wort »Betreff« wird nicht geschrieben, der Betrefftext nicht unterstrichen.

Der Abstand zwischen Anrede und Text, Text und Grußzeile beträgt immer *eine* Leerzeile. Das gilt auch für den Abstand bei Absätzen. Bei den folgenden Briefen wurde aus Raumgründen jedoch auf diesen Abstand verzichtet.

Alle Zeilen des Briefes beginnen bei Grad 10 der Skala an der Schreibmaschine, alle Einrückungen bei Grad 20 (in unserem Briefbeispiel: »Taxi« – »Herrn Gast«).

Der Gruß wird ebenso linksbündig geschrieben wie alles andere.
Der Anlagenvermerk steht entweder in angemessenem Abstand unter dem Gruß oder rechts, bei Grad 50.

Sicherlich vermissen Sie auf diesem Geschäftsbriefblatt die bekannte vorgedruckte Bezugszeichenzeile. Immer mehr Unternehmen lassen sie weg, weil ohne sie die Möglichkeit besteht, denselben Bogen auch als 2. Seite zu verwenden, und das wiederum bedeutet, daß man problemlos mit Endlospapier an Textautomaten arbeiten kann.
Und wohin werden bei dieser Form Bezugszeichen geschrieben?

Ganz einfach:

> Abrechnung
> Ihr Brief vom 03.09...

Ein Wort zur Datumschreibweise: Nach DIN 5008 (maßgeblich für das Maschinenschreiben) werden Daten immer mit 6 Ziffern geschrieben; sind keine 6 Ziffern vorhanden, wird durch Nullen aufgefüllt. Zwischen Tag und Monat und zwischen Monat und Jahr wird ein Punkt gesetzt, nach dem Punkt folgt *kein* Zwischenraum.
In geschäftlichen Briefen können Sie es genauso machen. In Privatbriefen empfiehlt sich die alte Form ohne Nullen oder, noch besser, mit ausgeschriebenem Monatsnamen. Dann allerdings darf man auch nicht »86«, sondern muß »1986« schreiben. Also:

geschäftlich:	*privat:*	
03.09.86	3.9.86	3. September 1986

Hinter die Anrede setzt man heute meistens ein Komma; das steifere Ausrufezeichen ist zwar immer noch korrekt, verliert aber zunehmend an Boden.
Eine andere Form, die ihre Freunde hat:

> Sehr geehrter Herr Masch
>
> Auf Einladung von Herrn Peter bin ich am ...

Also: Kein Komma hinter der Anrede, aber Fortsetzung mit großem Anfangsbuchstaben! Die Anrede wird wie eine Überschrift behandelt.

Wie gestalten wir unser Briefblatt nun, wenn wir kein vorgedrucktes Briefpapier haben, sondern einen einfachen weißen Bogen verwenden? Hier drei Vorschläge für den Briefkopf:

—— = Blattrand
. = 1 Zeile

.

.

.

Fritz Wagenrad
Wohnpark 4
5270 Gummersbach
Telefon: ...

.

.

.

.

Einschreiben

.

Hausverwaltung
Wohnpark 22

.

5270 Gummersbach

Statt in einem Block über die Anschrift kann man den Absender auch auf *zwei* Blöcke verteilen. Der Name steht links über der Anschrift, der Rest rechts daneben.

Zum Beispiel:

—— = Blattrand
.   = 1 Zeile

.

.

.

.

Fritz Wagenrad   Wohnpark 4
                                             5270 Gummersbach
                                             Telefon: ...

Und hier die rationellste Form:

—— = Blattrand
.   = 1 Zeile

.

.

.

Fritz Wagenrad, Wohnpark 4, 5270 Gummersbach, Telefon: . . .

So sind die notwendigen Angaben am schnellsten und einfachsten zu schreiben.
Im übrigen sollte man sich an die DIN-Vorschriften halten.

Die äußere Form des Privatbriefes

Grundlage für den Privatbrief kann die vorgeschriebene Aufmachung des Geschäftsbriefes sein. Das gilt besonders für die Fälle, in denen man mit der Schreibmaschine schreibt. Warum dauernd umdenken: Schreibe ich jetzt einen privaten oder einen geschäftlichen Brief?

Natürlich darf man im Privatbrief, der meistens nicht in einem Fensterumschlag verschickt wird, die Anschrift auf dem Briefblatt weglassen. Der Absender sollte allerdings sowohl auf dem Umschlag als auch auf dem Briefblatt stehen. Wie oft kommt es vor, daß der Umschlag gleich nach dem Öffnen weggeworfen wird, und wenn der Empfänger antworten will, fehlt ihm die Anschrift.
Bei der handschriftlichen Gestaltung des Briefes brauchen wir keinerlei Vorschriften zu beachten, sondern dürfen die weiße oder farbige Seite nach Herzenslust füllen oder freilassen.

Über eins muß man sich allerdings im klaren sein: Wer übliche Formen verläßt, sich also auf das Feld der freien Gestaltung begibt, unterwirft sich den meistens viel strengeren Regeln des guten Geschmacks und der Zweckmäßigkeit.

Ist die Seite harmonisch gefüllt? – Ist der Brief übersichtlich gegliedert? –

Aber keine Angst! Es gibt so viele Regeln, Vorschriften, Bestimmungen, Gesetze in unserem Leben, die wir befolgen müssen, daß wir jeden Freiraum für eigene Entscheidungen getrost nutzen sollten – selbst auf die Gefahr hin, einmal nicht das Ideale zu treffen. Ist nicht der Ausdruck der Individualität mehr wert als totale Korrektheit und Perfektion?

PERSÖNLICHE BRIEFE IM PRIVATEN BEREICH

Einladungen, Zusagen, Absagen

Einladen können wir auf verschiedene Weise: im persönlichen Gespräch, telefonisch, brieflich. Welche Art und Weise zu bevorzugen ist, richtet sich nach Anlaß, Gelegenheit, Geschmack und Können.
Die briefliche Einladung hat mancherlei Vorteile:

- Der Brief wird in der Regel als »ernst gemeinte« Einladung empfunden, während man von einer Einladung im Gespräch oft den Eindruck hat, sie sei »mehr aus Höflichkeit nur so freundlich dahingesagt« worden.
- Die briefliche Einladung gerät nicht so leicht in Vergessenheit.
- Eine schriftliche Einladung verlangt stärker als eine mündliche Einladung nach einer klaren Antwort.
- Im Brief erhält der Eingeladene meistens genauere Hinweise auf den Zweck und die Umstände der Einladung.
- Wer brieflich eingeladen wird, braucht nicht spontan zu reagieren, sondern kann sich das Für und Wider einer Annahme oder Absage in Ruhe überlegen.

Wahrscheinlich fallen Ihnen noch andere Vorteile ein, aber sicherlich kommt Ihnen zugleich auch ein »Nachteil« in den Sinn. Sagen wir es ganz allgemein: Eine briefliche Einladung stellt etwas höhere Anforderungen. Selbst Menschen, die täglich Geschäftsbriefe zu formulieren haben, bekommen Unlustgefühle, wenn sie eine Einladung – oder andere persönliche Briefe – schreiben sollen, und nicht selten wird eine »kleine Staatsaktion« daraus.
Abneigungen und Ungeschicklichkeiten in dieser Richtung sind weder blamabel noch verwunderlich. Wir haben solche Aufgaben vergleichsweise selten zu lösen; uns fehlt die Übung; persönliche Briefe zu schreiben, das hat uns auch nie jemand beigebracht. Und wie läßt sich das ändern? Erstens, indem wir Gelegenheiten, die

sich bieten, wahrnehmen; denn »Kochen lernt man nicht vom Essen«! Zweitens, indem wir uns die Sache durch Hilfsmittel (zum Beispiel durch dieses Buch) erleichtern.

Zum Inhalt brieflicher Einladungen

Die Einladung soll erkennen lassen, daß der Gastgeber den Eingeladenen gern bei sich sieht, daß er auf sein Kommen Wert legt. Aber über dem Versuch, dies deutlich zu machen, vergißt man leicht, daß der Briefpartner auch ein paar handfeste Informationen erhalten möchte.
Gibt es einen besonderen Anlaß für die Einladung (Geburtstag, Jubiläum, Beförderung . . .)? Wie groß wird der Kreis der Gäste etwa sein? Was für Leute sind das? Hat man einen »Festakt« oder ein zwangloses Beisammensein zu erwarten? Welche Kleidung ist passend? Von wann bis wann soll das Treffen ungefähr dauern? Man möchte sich auf das, was einen erwartet, richtig einstellen. Je weniger der Eingeladene weiß, desto unsicherer wird er sein, desto größer ist auch die Gefahr, daß er absagt.
Manch einer schätzt das gute Gespräch im kleinen Kreis, aber nicht die modische Party. Manch einer befürchtet, sich in der vermeintlich oder wirklich »eleganten Welt« nicht etikettengerecht bewegen zu können, ist aber für eine ungezwungene, fröhliche Runde immer zu haben. Manch einer liebt zwar das Überraschende, die meisten jedoch möchten rechtzeitig ungefähr wissen, woran sie sind, was auf sie zukommt.
Machen wir es unseren Gästen leicht, indem wir in unseren höflichen, freundlichen oder herzlichen Einladungen einige sinnvolle Informationen weder für überflüssig halten, noch schlicht und einfach vergessen!

Zur äußeren Form schriftlicher Einladungen

Sollen wir mit der Hand oder mit der Schreibmaschine schreiben? Persönlicher ist sicherlich die Handschrift, zweckmäßiger oft die Schreibmaschinenschrift.
Je kleiner der Kreis, desto »privater« wird die Runde meistens sein. Der sehr private Charakter der Festlichkeit und der relativ geringe Einladungsaufwand legt die Handschrift nahe.
Anders sieht das schon aus, wenn im Rahmen eines längeren Briefes eingeladen wird. Verwandte, Schul- oder Studienfreunde, Sportfreunde wollen sich wieder einmal treffen. Einer ergreift die Initiative. In der Einladung soll etwas darüber gesagt werden, wie man auf die Idee gekommen ist; in ein paar Sätzen sollen alte

Verbindungen oder gemeinsame Erlebnisse in Erinnerung gerufen werden. Der notwendige Textaufwand drängt in Richtung Maschinenschrift.

Wer umfangreiche gesellschaftliche Verpflichtungen hat, kann sich Briefkarten so vordrucken lassen, daß nur noch Einzelheiten eingefügt zu werden brauchen: der Name des Eingeladenen, die Art der Veranstaltung, Hinweise auf die Garderobe, Datum und Uhrzeit. Die Einfügungen in den gedruckten Text dürfen mit der Schreibmaschine gemacht werden. Wenn man eine Kugelkopfmaschine hat und also leicht eine repräsentative Schrift einsetzen kann – um so besser!

Damit eine Selbstverständlichkeit nicht übersehen wird, steht auf Einladungen manchmal der Hinweis »u. A. w. g.« = um Antwort wird gebeten.

Die Form der Antwort – man sollte recht bald antworten – richtet sich nach der Form der Einladung. Für die Antwort empfiehlt sich noch stärker als für die Einladung die Handschrift. Man hat, im Gegensatz zum Einladenden, nur *einen* Brief zu schreiben. Man braucht in der Regel nicht viel zu schreiben; gut geeignet sind Briefkarten. Man drückt – ganz besonders bei einer Absage – durch die Handschrift seine Freude über die Einladung aus; von der Wortwahl abgesehen, deutet die handschriftliche Form an, daß man die Einladung nicht als lästige Verpflichtung behandelt, sondern sich persönlich angesprochen fühlt.

Mit der Formulierung der Antwort auf eine Einladung hat man es etwas leichter als mit der Formulierung der Einladung, denn man kann sich auf Art und Ton der Einladung einstellen. Während der Einladende manchmal ein bißchen ins Ungewisse zielt, kann sich der Eingeladene anpassen.

Die folgenden Einladungen, Zusagen und Absagen enthalten neben offiziellen und formellen Beispielen auch Muster für zwanglose und private Anlässe, die ganz individuelle Situationen zeigen, zum Beispiel eine Einladung zu einem Segeltörn oder zu einer Dia-Schau nach dem Urlaub. Diese Texte sollen Ihnen vor allem als Anregung dienen.

Es ist klar, daß sich gerade solche Briefe nicht wörtlich abschreiben lassen. Der Wert Ihres Briefes besteht ja gerade in Ihrem individuellen Ausdruck und in genauem Eingehen auf die Gegebenheiten. Aber, wenn man eine Vielfalt von Anregungen bekommt, fällt es einem leichter, die konkrete Aufgabe zu erfüllen. Außerdem – und das ist nicht zu unterschätzen –, das Lesen gut formulierter, lebendiger Briefe färbt immer auf den eigenen Stil ab, so daß es als eine unaufdringliche Stilschulung ohne Lernzwang wirkt, eine stilistische Weiterbildung also, die Spaß machen kann.

Einladung zur Kindtaufe

Persönliche Einladung an eine Freundin des Hauses

Liebe Martha,

wenn sich die kleine Angelika in einigen Jahren die Fotos von ihrer Taufe ansieht, dann möchten wir, daß sie auch Dich darauf findet. Wirst Du ihr und uns die Freude machen dabeizusein?
Getauft wird Angelika am Samstag, dem 12. März, um 15.00 Uhr. Könntest Du schon zum Mittagessen, etwa gegen 12.00 Uhr, bei uns sein?
Bitte schreib uns rechtzeitig, ob Du kommst.

Viele liebe Grüße Adelheid und Franz

Zusage der Freundin

Liebe Adelheid, lieber Franz,

habt herzlichen Dank für die Einladung zu Angelikas Taufe. Ich freue mich darüber und werde rechtzeitig zum Mittagessen bei Euch sein. Wenn ich Dir, liebe Adelheid, am Tauftag ein wenig zur Hand gehen kann, komme ich auch gern etwas früher. Du mußt es mir nur sagen.
Viele liebe Grüße und dem Kind einen großen Kuß von

Eurer Martha

P.S. Was wünscht sich Angelika denn als Taufgeschenk?

Absage der Freundin

Liebe Adelheid, lieber Franz,

wie gern käme ich zu Angelikas Taufe! Aber ausgerechnet in diesem Jahr habe ich meinen Urlaub in den Frühling gelegt, und die seit langem geplante Reise läßt sich nun nicht mehr verschieben. Nach meiner Rückkehr werde ich mich sofort melden. Vielleicht können wir uns dann sehen. Ich möchte Angelika doch so gern kennenlernen. Bisher habe ich ja nur ein Foto von ihr. Ob sich Angelika über das beigefügte Halskettchen freuen wird?

Es grüßt und küßt Euch Eure Martha

Und so könnte eine zwanglose Einladung zur Kindtaufe aussehen, die man vielleicht an einen Vorgesetzten schickt, den man seit vielen Jahren gut kennt.

Zwanglose Einladung an einen Vorgesetzten

> Sehr geehrter Herr Doktor Müller,
>
> am Samstag, dem 12. März, wird unsere Tochter Angelika um 15.00 Uhr in der Martin-Luther-Kirche in Herne getauft.
> Würden Sie uns die Freude bereiten, bei der Tauffeier und zu dem anschließenden Essen unser Gast zu sein?
> Wir hoffen sehr auf Ihre Zusage und grüßen Sie herzlich
>
> Ihre
> Adelheid und Franz Schneider

Der so eingeladene Vorgesetzte antwortet:

Zusage des Vorgesetzten

> Sehr verehrte Frau Schneider,
> sehr geehrter Herr Schneider,
>
> vielen Dank für die liebenswürdige Einladung zur Taufe Ihres Kindes Angelika. Ich nehme gern an, werde rechtzeitig an der Martin-Luther-Kirche sein und freue mich auf das anschließende Beisammensein.
>
> Ihr
> Ferdinand Müller

Absage des Vorgesetzten

> Liebe Familie Schneider,
>
> für Ihre freundliche Einladung, an der Tauffeier Ihrer Tochter Angelika teilzunehmen, danke ich Ihnen sehr herzlich. Leider kann ich ihr nicht nachkommen, weil ich an diesem Tag einen geschäftlichen Termin wahrzunehmen habe, den ich nicht mehr absagen kann.
>
> Nochmals vielen Dank für die Einladung
> Ihr
> Ferdinand Müller

Einladung zum Polterabend

Polterabend, Remmidemmi, Scherben. Wer erinnert sich nicht gern an seinen Abschied vom Junggesellen- oder Junggesellinnendasein. An sich kann kommen, wer will; so ist es zumindest in manchen Gegenden der Bundesrepublik üblich. Da ist eine Einladung fehl am Platze.

Anders, wenn man den Kreis der Teilnehmer – aus welchen Gründen auch immer – überschaubar halten will. Dann lädt man eben ein. Der Heiratsanzeige wird einfach ein kleines vorgedrucktes Kärtchen beigelegt:

Zwei gedruckte Einladungen

```
WIR POLTERN                      . WIR POLTERN MIT:
                                 .
am 3. März 19..                  ...............................
in Bonn, Zülpicher Straße 14,    .
ab 20.00 Uhr                     .
```

```
EINLADUNG                        . DANKE SCHÖN, WIR KOMMEN:
                                 .
zu unserem Polterabend.          .
Glückaufstraße 13,               ...............................
Gelsenkirchen,
Beginn: 19.00 Uhr
Tel.: 02271/91374
```

Zwanglose Einladung zum Polterabend

EINLADUNG

zu unserem Polterabend am 29. Juli 19.. ab 19.00 Uhr in der Agrippinenstraße 14.
Unser Hauswirt verbittet sich ein Scherbenfest, hat aber nichts gegen ein zünftiges Feuerwerk (Leuchtraketen).
Warme Kleidung empfiehlt sich, weil im betonierten Innenhof gefeiert wird.

Persönliche Einladung an den Freund des Ehemannes

Nun ist es also soweit. Viele Jahre haben wir unser Junggesellenleben zusammen verbracht. Jetzt nehme ich als erster Abschied davon. Aber ein Abschied ohne Dich, lieber Hans, wäre mir unvorstellbar.
Deshalb laden Waltraud und ich Dich zu unserem Polterabend (Freitag, 25. 3..., ab 18.00 Uhr) ganz besonders herzlich ein. Du kommst doch?

Dein Erwin

Einladung zur Hochzeit

Formelle Einladung

Herr Karl-Heinz Ringleb und Frau geben sich die Ehre

Fräulein Monika Lipp

zur Hochzeitsfeier ihrer Tochter Ingrid und Herrn Otto Schmidt am 1. Mai 19.., 13.00 Uhr, in das Hotel Royal, Kaiserstraße, einzuladen.
Die kirchliche Trauung findet um 11.00 Uhr in der St.-Petrus-Kirche am Goetheplatz statt.

Porta-Nigra Platz 9
5500 Trier   u.A.w.g.

Persönliche Einladung zur Hochzeitsfeier

Liebes Fräulein Lipp,

Ingrid wird am 1. Mai heiraten. Wir würden uns sehr freuen, wenn Sie, ihre langjährige Freundin, an diesem Tag ihr und unser Gast wären.
Die kirchliche Trauung ist um 11.00 Uhr in der St.-Petrus-Kirche. Anschließend zieht die ganze Hochzeitsgesellschaft ins Hotel Royal, wo um 13.00 Uhr zu Mittag gegessen wird. Für den Nachmittag ist ein süßes, für den Abend ein kaltes Buffet vorbereitet.
Bitte lassen Sie uns wissen, ob wir mit Ihnen rechnen können.

Viele Grüße, auch im Namen meines Mannes,
Ihre Edelgard Ringleb

Formelle Zusage – Hochzeitsfeier

Monika Lipp

bedankt sich für die liebenswürdige Einladung zur Hochzeit Ihrer Tochter und wird ihr gern folgen.

Zwanglose Zusage – Hochzeitsfeier

Sehr verehrte Frau Ringleb, sehr geehrter Herr Ringleb,

vielen Dank für die liebenswürdige Einladung zu Ingrids Hochzeit. Ich komme gern.

Ihre
Monika Lipp

Eine Absage – Hochzeitsfeier

Sehr verehrte Frau Ringleb,
sehr geehrter Herr Ringleb,

meine Mutter ist plötzlich schwer erkrankt. Da ich sonst keine Gelegenheit habe, sie in Berlin zu besuchen, habe ich mich für das 1. Maiwochenende fest angemeldet. Deshalb kann ich mich leider nur für Ihre nette Einladung bedanken. Ihnen und natürlich Ingrid wünsche ich einen glücklichen Verlauf der Hochzeitsfeier, an der ich wirklich gern teilgenommen hätte.

Es grüßt Sie
Ihre
Monika Lipp

Einladung zur Silberhochzeit

Zwanglose Einladung zur Silberhochzeit

Verehrte Frau Zahn,
lieber Herr Doktor Zahn,

in den nächsten Tagen werden meine Frau und ich unsere Silberhochzeit feiern. Für unsere Freunde geben wir am Samstag, dem 2. Oktober 19.., einen Empfang bei uns zu Hause.

Würden Sie um 19.00 Uhr kommen können? Um dem Empfang einen festlichen Rahmen zu verleihen, werden die Herren einen Smoking bevorzugen.

Es grüßen Sie herzlich
Fritz von Mergentheim und Frau

Förmliche Zusage – Silberhochzeit

Dr. Wolfgang und Gisela Zahn

bedanken sich für die Einladung zu dem Empfang, der sie gern nachkommen.

Diese Annahme, auf einer vorgedruckten Briefkarte ausgesprochen, wird nicht unterschrieben, obwohl der Text selbst handschriftlich eingesetzt wird.

Zwanglose Zusage – Silberhochzeit

Dr. Wolfgang und Gisela Zahn

Vielen Dank für die liebenswürdige Einladung zu dem Empfang. Wir kommen gern.

Diese Zusage kann, muß aber nicht unterschrieben werden.

Förmliche Absage – Silberhochzeit

Dr. Wolfgang und Gisela Zahn

danken aufrichtig für die liebenswürdige Einladung, der sie aber leider nicht nachkommen können.

Zwanglose Absage – Silberhochzeit

Dr. Wolfgang und Gisela Zahn

Liebe Frau von Mergentheim,
lieber Herr von Mergentheim,

für Ihre freundliche Einladung zu dem Empfang am 2. Oktober möchte ich Ihnen ganz herzlich danken, auch im Namen meiner Frau. Leider können wir nicht kommen, weil wir ab morgen für sechs Wochen in Kur fahren.

Herzliche Grüße Dr. Wolfgang Zahn

Einladungen zu anderen Gelegenheiten

Formelle Einladung zur Cocktailparty

> Manfred und Gisela Ahrens bitten zum Cocktail
>
> Samstag, 4. September 19.., 18.00 – 20.00 Uhr
>
> Wildenbruch 19   Dunkler Anzug
> 4400 Münster   u.A.w.g.

Zwanglose Einladung zur Cocktailparty

Sehr geehrte Frau Zahn,
sehr geehrter Herr Zahn,

am Samstag, den 4. September 19.., möchten wir wieder einmal eine Cocktailparty veranstalten. Sie sind herzlich eingeladen. Beginn 18.00 Uhr, Ende gegen 20.00 Uhr. Machen Sie uns die Freude und sagen Sie zu!

Freundliche Grüße Gisela und Manfred Ahrens

Zusage – Cocktailparty

Sehr geehrte Frau Ahrens,
sehr geehrter Herr Ahrens,

Cocktailpartys bei Ihnen sind immer ein Genuß. Wir freuen uns, daß wir wieder dabeisein werden. Herzlichen Dank für die Einladung.

Ihre Gisela und Wolfgang Zahn

Absage – Cocktailparty

Sehr geehrte Frau Ahrens,
sehr geehrter Herr Ahrens,

Ihre letzte Cocktailparty hat uns so gut gefallen, daß wir gern wieder dabeigewesen wären. Aber diesmal geht es leider nicht. Wir haben unseren Eltern fest zugesagt, sie am 4. und 5. September in der Schweiz zu besuchen. Ihnen und Ihren Gästen viel Vergnügen!

Gisela und Wolfgang Zahn

Zehn-Jahres-Treffen nach Einzug zum Bundesgrenzschutz
(Einladung an Kameraden)

Zehn Jahre ist es jetzt her, daß wir als bunt zusammengewürfelter Haufen zum Bundesgrenzschutz gekommen sind. Das ist doch eine Feier wert, nicht wahr? Atze, Backe, Schmehl und ich haben deshalb die Aufgabe übernommen, die alte Truppe noch einmal zusammenzubekommen. Helge, der Wirt unserer Stammkneipe von damals, wird seinen Laden für diesen Abend zur Verfügung stellen. Er läßt Dich schön grüßen und freut sich auf das Wiedersehen.
Am 1. Juli – es ist ein Freitag – um 18.00 Uhr geht's los. Treffpunkt wie früher, das Château in Bonn. Parole: »Präsentiert das Gewehr«.
Du kommst doch?

Zehn-Jahres-Treffen nach Einzug zum Bundesgrenzschutz
(Einladung an den Zugführer)

Lieber Herr Hauptmeister,

erinnern Sie sich noch an den ersten Zug des Jahrgangs 19..? Zur Erinnerung lege ich ein Foto bei, das wir beim Brückenbau irgendwann in unserer gemeinsamen Zeit aufgenommen haben.
Im Juli vor zehn Jahren begannen Sie unsere Grundausbildung, die uns zu perfekten Grenzschützern gemacht hat. Wen wundert's, daß wir den Jahrestag nach alter Grenzjägerart feiern wollen?
Damit wir bei dieser Feier nicht »zügellos« und ohne Führung sind, laden wir Sie ganz besonders herzlich ein. Wir treffen uns am 1. Juli gegen 18.00 Uhr im Château, Argelanderstraße 47, 5300 Bonn. Der Wirt läßt an diesem Abend nur uns herein. Codewort: »Präsentiert das Gewehr«.
Sie lassen uns doch nicht im Stich?

Mit freundlichem Gruß

Zehn Jahres-Treffen nach Einzug zum Bundesgrenzschutz
(Zusage eines Kameraden)

1. Juli, Freitag, 18.00 Uhr, Château in Bonn.
Parole: »Präsentiert das Gewehr«.
Einverstanden! Ich komme. Vielen Dank für die Einladung!

Wolfgang

Zehn-Jahres-Treffen nach Einzug zum Bundesgrenzschutz
(Absage eines Kameraden)

Kameraden,

natürlich erinnere ich mich an die gemeinsamen Tage beim BGS. Und schon oft habe ich mir gesagt: Einer müßte mal die Initiative ergreifen und einen »Ehemaligenabend« veranstalten. Nun ist es endlich soweit, und ausgerechnet ich muß absagen. Tut mir wirklich leid!
Ist an eine Wiederholung gedacht?

Viel Vergnügen
Euer Wolfgang

Formelle Einladung zum Tee

Frau Erna Lüllwitz bittet zum Tee
Mittwoch, 11. Mai 19.., 15.30 Uhr

Hasenpfad 29
5200 Siegburg   u.A.w.g.

Telefon: 52394

Einladung zum Tee

Liebe Frau Simon,

am Mittwoch, dem 11. Mai, 15.30 Uhr, werden einige meiner Bekannten zu mir zum Tee kommen. Darf ich auch Sie herzlich einladen?
Einige der Damen kennen Sie sicherlich schon; von den anderen glaube ich, daß sie sich gut mit Ihnen verstehen werden. Werden Sie mir die Freude machen und zusagen?

Es grüßt Sie Ihre Erna Lüllwitz

Zusage – Tee

Liebe Frau Lüllwitz,

vielen Dank für Ihre nette Einladung. Ich werde um 15.30 Uhr bei Ihnen sein.

Gisela Simon

Absage – Tee

Liebe Frau Lüllwitz,

mein Mann hat für den 11 . Mai einen alten Studienkameraden eingeladen. Er »besteht« darauf, daß ich an diesem Nachmittag zu Hause bin.
Deshalb muß ich leider Ihre liebenswürdige Einladung ausschlagen. Vielleicht klappt es ein andermal.

Es grüßt Sie Gisela Simon

Einladung zur Gartenparty

Sehr verehrte Frau Siebertz,
sehr geehrter Herr Siebertz,

Gespräch, Spiel und geselliger Kreis erwarten Sie auf unserem Gartenfest am 20. Juli. Ein kleiner Cocktail auf der Terrasse bildet um 20.00 Uhr den Auftakt. Danach wird, je nach Lust und Laune, getanzt, gespielt, gebadet oder diskutiert. Auch für das leibliche Wohl ist gesorgt. Würden Sie uns die Freude Ihrer Teilnahme machen?

Mit besten Grüßen Sylvia und Bernhard Grabosch

Zusage – Gartenparty

Sehr verehrte Frau Grabosch,
sehr geehrter Herr Grabosch,

wer könnte eine Einladung zu einem Gartenfest bei Ihnen ausschlagen: Natürlich werden wir kommen. Wir freuen uns schon jetzt auf einen schönen Abend mit guten Freunden.

Freundlich grüßen Sie Tanja und Franz Siebertz

Absage – Gartenparty

Sehr verehrte Frau Grabosch,
sehr geehrter Herr Grabosch,

Entspannung in geselligem Kreis würde uns sehr guttun, und wir hätten Ihre Einladung deshalb gern angenommen.

Aber der Hausarzt hat es für nötig gehalten, auf einer Kur zu bestehen. Was will man da machen!
Ihrem Fest wünschen wir einen angenehmen Verlauf.

Mit freundlichen Grüßen Tanja und Franz Siebertz

Man hat sich irgendwo kennengelernt und spontan Freundschaft geschlossen. Aber was pflegt aus den guten Vorsätzen, sich wiederzutreffen, zu werden? – Manchmal kommt der Zufall zu Hilfe.

Einladung zum Abendessen

Lieber Herr Vogts,

so gut wie nie lese ich die Rubrik »In unserer Stadt zu Gast« in der Tageszeitung – aber heute. Und da habe ich Ihren Namen entdeckt. Gibt es in Ihrem Terminplan noch einen freien Abend? Meine Frau und ich würden uns freuen, wenn wir Sie einmal in unserem Hause zu einem Abendessen begrüßen könnten.
Bitte lassen Sie mich wissen, wann Sie kommen wollen, damit ich Sie von Ihrem Hotel abholen kann.

Mit freundlichem Gruß Rolf Weißenberg

Zusage – Abendessen

Sehr geehrter Herr Weißenberg,

mit Ihrer Einladung haben Sie mir wirklich eine große Freude gemacht. Ich bin zwar etwas beschämt, weil ich mich nicht selbst bei Ihnen gemeldet habe, aber ich nehme Ihre Einladung gern an.
Wenn Sie einverstanden sind, komme ich am Mittwochabend. Sagen wir, gegen 19 Uhr? Machen Sie sich mit dem Abholen bitte keine Mühe. Ich nehme ein Taxi.

Mit bestem Gruß Ihr Hans Herbert Vogts

Einladung zu einem Segeltörn

Liebe Familie Neveling,

die Wetterfrösche haben für die nächsten Tage wenig Wetteränderung vorausgesagt. Das bedeutet: steife Brise aus

Südwest, Sonnenschein und 21° Wassertemperatur in der Nordsee. Kurz: ideales Segelwetter.

Wir kennen ja Ihre Segelleidenschaft. Deshalb möchten wir Sie fragen, ob Sie nicht übers Wochenende einen Törn mit uns segeln wollen. Es geht von Norderney nach Sylt und zurück. Ablegen: Freitagabend, Rückkehr: Sonntagnachmittag. Essen und Schlafen auf hoher See. Machen Sie mit? Wir freuen uns schon.

Sollte der Wettergott wider Erwarten nicht mitspielen und uns Flaute bescheren – das Boot ist mit einem Dieselmotor ausgerüstet.

Dieter und Rita Kamarek

Zusage – Segeltörn

Liebe Familie Kamarek,

daß Sie sich noch an unsere Segelleidenschaft erinnern! Wenn wirklich noch zwei Plätze frei sind, wir sind dabei. Ganz besonders freuen wir uns auf die zünftige Hochsee-Übernachtung.

Danke für die Einladung
Ihr Peter Neveling und Frau

Absage – Segeltörn

Liebe Familie Kamarek,

es tut uns leid, aber wir müssen Sie enttäuschen. Gerade in dieser Woche beginnt unser Urlaub, und am Freitag früh geht unser Jumbo gen Süden. Sicherlich werden wir etwas wehmütig an Ihren Törn denken. Eine so günstige Gelegenheit kommt wohl nicht so bald wieder.

Nochmals vielen Dank für die Einladung!

Ihr Peter Neveling und Frau

Beispiel für eine vorgedruckte Briefkarte

Fritz von Mergentheim und Frau

Wohnpark 27
5150 Bergheim
Telefon 5432

Beispiel für eine vorgedruckte Einladung

Fritz von Mergentheim und Frau

geben sich die Ehre

am .... um .... Uhr
zu ....
einzuladen:
Wohnpark 27   Garderobe: ....
5150 Bergheim
Telefon 5432   u.A.w.g.

Glückwünsche

Immer mehr bürgert sich die Sitte ein, vorgedruckte Karten zu verwenden, wenn man für die eine oder andere Gelegenheit seinen Glückwunsch aussprechen will. Der Handel bietet vom schlichten »Herzlichen Glückwunsch; über Kunstdrucke mit bekannten Motiven wie Dürers »Betende Hände« bis zum »Mordillo-Witz« für jeden Anlaß und Geschmack etwas an.
Aber über unserem eigenen Geschmack dürfen wir den des Empfängers nicht vergessen. Nicht uns, ihm soll es gefallen. Manchmal, wenn man den Empfänger gut kennt, bereitet die Auswahl gar keine Schwierigkeiten. Man weiß einfach, daß er mehr für Ernstes oder mehr für Lustiges, mehr für moderne Kunst oder mehr für Traditionelles Sinn hat. In anderen Fällen wird die Entscheidung zum Glücksspiel. Wenn man sich über den Geschmack des Adressaten nicht im klaren ist, hilft nur eins: Nichts Ausgefallenes wählen! Damit wird man sich zwar in der Fülle der Glückwünsche nicht hervortun, aber auch nicht »aus dem Rahmen« fallen.
Persönlicher als die vorgedruckte Karte wirkt der Brief, hand- oder maschinengeschrieben; er verlangt mehr Gedanken, mehr Bemühung, mehr Zuwendung.
Wie sollen, wie können wir uns nun entscheiden: wann vorgedruckte Karte – wann Brief?
So merkwürdig es zunächst klingen mag: die vorgedruckte Karte eignet sich für den recht fern stehenden Bekannten und den engsten Freund oder Verwandten. Der erste Fall leuchtet ohne weiteres ein; es besteht ein natürlicher Abstand, man hält Distanz. Und der zweite Fall? Man kennt einander so gut und ist so vertraut miteinander, daß man sich die Kurzinformation erlauben darf. Man wird ja bald ohnehin wieder ausführlich miteinander sprechen oder sich einen langen Brief schreiben.

Natürlich ergeben solche Überlegungen nur Faustregeln. Im Prinzip lassen sich vorgedruckte Karte und Brief immer verwenden, zumal ein kleiner Zusatz auf einer Karte Vertrautsein verdeutlichen und eine ganz »korrekte« Sprache im Brief Abstand wahren kann.

Glückwünsche zur Geburt

Glückwunsch eines Onkels zur Geburt seines Neffen

> Liebe Ruth, lieber Rolf,
>
> da ist er also, der neue Erdenbürger. Gesund und kräftig, hoffe ich!
> Hast Du, liebe Ruth, die Beschwerden der letzten Monate und vor allem die Geburt gut überstanden? Bestimmt bist Du mit Deinem kleinen Spatz die glücklichste Mama der Welt. Wie schön, daß Rolf sich einige Tage Urlaub genommen hat! Du wirst seine Hilfe nun brauchen. Wie ich den stolzen Vater kenne, wird er alles tun, um Dir zu zeigen, wie glücklich Du ihn gemacht hast.
> Darf ich Euch um ein Foto von Marcus bitten? Rolf hat doch bestimmt schon Aufnahmen gemacht. Ich wüßte zu gern, wie mein neuer Neffe aussieht.
>
> Mit Euch freut sich Euer Felix

Glückwunsch einer Bekannten der Familie

> Herzliche Glückwünsche (gedruckt)
>
> Zur Geburt des ersten Kindes die besten Wünsche für die ganze Familie!
>
> Ihre Fanny Weber

Glückwunsch einer Nachbarin

> Liebe Familie Neumann,
>
> zur Geburt Ihrer Tochter wünschen wir Ihnen von Herzen alles Gute und hoffen, daß Sie ein Leben lang Freude und Glück empfinden, wenn Sie an den Tag der Geburt zurückdenken.
>
> Ein nachbarlicher Gruß von Inken Lindemann

Glückwunsch einer Tante

Liebe Gisela,
lieber Werner,

ganz herzlich möchte ich Euch zu Eurem Stammhalter gratulieren.
Das ist ja eine Freude! Möge der Junge mit Gottes Segen froh aufwachsen und Euer Leben mit Sonnenschein erfüllen! Dir, liebe Gisela, eine gute Genesung!

Eure Tante Maria, die sich sehr mit Euch freut

Glückwunsch eines Onkels zur Erstkommunion des Neffen

Lieber Volker,

am kommenden Sonntag wirst Du zur heiligen Kommunion gehen und das Brot des Herrn empfangen. Dazu gratuliere ich Dir herzlich.
Diese Kommunion ist mehr als eine Zeremonie, ein frommer Brauch. Wie das Brot vom Bäcker notwendig ist, damit wir körperlich nicht verhungern, so brauchen wir das Brot des Herrn, damit wir seelisch nicht verkümmern. Auch in Deinem Leben wird es irgendwann einmal schwierige Situationen und trübe Zeiten geben. Jeder bekommt einmal Angst, weiß nicht, wie es weitergehen soll. Dann erweist sich die Kraft des Glaubens als Hilfe zum Durchhalten und Neubeginnen. Ich wünsche Dir, daß auch für Dich die heilige Kommunion »Speise fürs Leben« wird.
Über dem ernsten Inhalt dieses für Dich wichtigen Tages wollen wir die Freude am Heute nicht vergessen. Deshalb schenke ich Dir den großen
»Steckenpferd«-Baukasten, der Dir und Deinen Geschwistern recht viel Spaß machen soll.
Grüße Deine Eltern und Geschwister von mir, und denke am Sonntag in der Kirche auch an

Deinen Onkel Eberhard

Glückwunsch eines Onkels zur Konfirmation

Liebe Marion,

am Sonntag wirst Du Deine Konfirmation feiern. Leider kann ich nicht, wie ich es gern gewollt hätte, an Deinem großen Festtag bei Dir sein. Aber ich verspreche Dir, daß ich an Dich denken werde, wenn Du eingesegnet wirst. Mit Deiner Konfirmation betrittst Du die erste Stufe im Leben der Erwachsenen. Bald wirst Du die Schule verlassen, studieren, heiraten und vielleicht selber Kinder haben. Ein langer, schöner, manchmal auch beschwerlicher Weg durch das Leben liegt vor Dir. Du solltest Dich immer daran erinnern, daß eine der wesentlichen Grundlagen des Lebens die Fröhlichkeit des Herzens ist. Eine Fröhlichkeit, die Du in Deiner Kindheit so reichlich genossen hast.
Ich wünsche Dir, daß Du den Tag Deiner Konfirmation nie vergißt. Vielleicht schreibst Du einmal, wie Du ihn verbracht hast und wie Dir das kleine Geschenk gefallen hat.

Dein Onkel Karl

Glückwünsche zur Verlobung

Eine Freundin der Braut schreibt

Liebe Ines,

die Zwischentöne in Deinen letzten Briefen ließen schon einiges für die Zukunft erwarten. Daß es aber so schnell gehen würde, damit habe ich nicht gerechnet. Deine Verlobungsanzeige hat mich wirklich überrascht. Dir und Deinem Bräutigam alles Liebe und Schöne für den Verlobungstag und für das gemeinsame Leben zu wünschen ist im Augenblick mein größtes Anliegen. Vielleicht findet der Zinnbecher ein Plätzchen in Eurem Heim. In Deinen letzten Briefen hast Du mir Deinen Verlobten ja schon sehr gut geschildert. Wann werde ich ihn nun »in natura« kennenlernen können? Möchtet Ihr nicht einmal ein Wochenende hier draußen im Schwarzwald verbringen? Ihr seid herzlich eingeladen. Wenn Ihr kommen wollt – Postkarte genügt.

Es grüßt Dich
Deine Verena

Eine Tante schreibt an den Bräutigam

Lieber Ingo,

heute kam Eure Verlobungsanzeige an – nachdem mich Deine Mutter schon ein bißchen vorbereitet hatte. Ich freue mich mit Dir, daß Du »die Richtige fürs Leben« gefunden hast. Meinen herzlichen Glückwunsch! Und – viel Freude am Verlobungstag!
Deine Eltern haben mich zum Osterfest eingeladen. Werde ich Dich und Deine Braut Ostern sehen?
Wenn junge Leute einen eigenen Hausstand aufbauen, fehlt's gewöhnlich an diesem und jenem. Aber ich habe leider nicht erfahren können, was Euch besonders Freude machen würde. Deshalb überlasse ich Euch die Auswahl und füge diesem Brief nur die Grundlage dafür bei.

Es grüßt Dich und Deine Braut
Tante Hildegard

Opa schreibt an die Braut

Liebe Irene,

zu Deiner Verlobung wünsche ich Dir und Deinem Zukünftigen alles Liebe und alles Gute. Leider kann ich an Eurer Verlobungsfeier nicht bei Euch sein. Die alte Krankheit ist noch nicht richtig überstanden, ich muß mich noch etwas schonen. Aber seid sicher, daß ich in Gedanken bei Euch sein werde. Ist es erlaubt, wenn sich Dein Opa einmal an seine eigene Verlobung erinnert? Damals mußte ich bei den Eltern Deiner Oma ganz offiziell um die Hand der Tochter bitten. Die ganze Familie hat mich begutachtet. Ich mußte mein Sprüchlein aufsagen. Danach zog sich der Familienrat zurück, um über meine »Bewerbung« zu entscheiden. Wie Du weißt, hat man mich damals für »gut genug« befunden.
Heut geht das natürlich etwas liberaler zu. Und das ist gut so. Werdet Ihr, Du und Dein Bräutigam, in der nächsten Zeit einmal die Gelegenheit haben, mich zu besuchen? Ich würde mich wirklich sehr freuen. Dir, liebe Irene, und Deinen Lieben wünsche ich einen schönen Verlauf der Feier.

Es grüßt Dich
Dein Opa

Glückwunsch eines Nachbarn

> Sehr geehrter Herr Schild,
>
> zu Ihrer Verlobung gratulieren wir Ihnen und Ihrer jungen Braut ganz herzlich. Möge Ihnen die gemeinsame Zukunft, in die Sie heute starten, viele schöne und glückliche Jahre bescheren!
>
> Ihre
> Familie Schneider

Glückwünsche zur Hochzeit

Ein Herr schreibt an einen Bekannten

> Sehr geehrter Herr Weustmann,
>
> zu Ihrer Vermählung möchte ich Ihnen und Ihrer Gattin meine aufrichtigen Glückwünsche sagen. Möge der gemeinsame Lebensweg Ihnen vor allem Freude und Gesundheit bringen!
>
> Ihr Walter Haufschild

Heiratet der als Respektsperson bekannte Chef, so wählt ein Mitarbeiter am besten eine sehr knappe Formulierung.

Der Chef heiratet

> Sehr geehrter Herr Doktor Krieger,
>
> zu Ihrer Vermählung möchte ich Ihnen und Ihrer Braut meine guten Wünsche übermitteln.
>
> Ihr Walter Haufschild

Früher wählte man eine etwas steifere Form. Etwa:

Förmlicher Glückwunsch eines Herrn

> Hochverehrter Herr Doktor Krieger,
>
> zu Ihrer Vermählung erlaube ich mir, Ihnen und Ihrer ver-

ehrten Frau Gemahlin meine aufrichtigen Glückwünsche auszusprechen.

Ihr sehr ergebener Walter Haufschild

Diese konservative Formulierung wird man heute nur noch bei hochoffiziellen Anlässen bevorzugen und bei Leuten, die für moderne Ausdrucksweisen nichts übrig haben.

Was für den Herrn gilt, die förmlich-korrekte Form, muß nicht zwangsläufig auch für die Dame gelten. Damen bevorzugen das persönliche Wort, auch wenn die Gratulierende gesellschaftlich oder beruflich niedriger gestellt ist als die, an die die Glückwünsche gerichtet sind.

Förmlicher Glückwunsch einer Dame

> Liebe Frau Roßmann,
>
> die Nachricht von Ihrer Hochzeit hat mich sehr gefreut. Ihnen und Ihrem Mann wünsche ich für den gemeinsamen Lebensweg alles Gute.
>
> Es grüßt Sie
> Ihre Bärbel Wunder

Die Bezeichnungen »Gatte« und »Gattin« werden von vielen nicht mehr als sinnvoll und zeitgemäß empfunden, von anderen aber weiterhin bevorzugt. Man muß sich überlegen »An wen schreibe ich?« und danach seine Wahl treffen.

Eine Dame gratuliert einem Herrn

Gratuliert die Dame dem (gesellschaftlich) bekannten Herrn, sollte sie Anrede und Gruß wegfallen lassen.

> Ihnen und Ihrer Gattin (Ihrer Frau) alles Gute für den gemeinsamen Lebensweg!
> Bärbel Wunder

Brief einer verwandten Familie

Liebes Brautpaar,

alle lieben Wünsche zur Vermählung und Gottes Segen für das gemeinsame Leben senden Euch

Tante Heide und Onkel Gustav

Verspäteter Brief eines Bekannten

Lieber Herr Neu,

sicherlich werden Sie bereits von Ihrer Hochzeitsreise zurückgekehrt sein, so daß meine Glückwünsche zur Vermählung Sie nun, wenn auch ein bißchen verspätet, erreichen können. Ich wünsche Ihnen und Ihrer Frau viele Jahre eines harmonischen gemeinsamen Lebensweges. Wenn Sie wieder einmal in Freiburg sind, würde ich mich über einen Besuch freuen.

Mit freundlichen Grüßen
Ihr Hans-Werner Kraus

Brief von Kollegen an eine Kollegin

Herzliche Glückwünsche zur Vermählung und einen frohen gemeinsamen Lebensweg wünschen Ihnen, liebe Frau Blume, und Ihrem lieben Gatten (Mann) die Kolleginnen und Kollegen des Einkaufs.

(Unterschriften aller Kolleginnen und Kollegen)

Sonstige Glückwünsche

Bruder gratuliert Schwester und Schwager zur Silberhochzeit

Ihr Lieben,

alle herzlichen Glückwünsche zur Silberhochzeit sende ich Euch, auch im Namen von Annette. Alles Gute für die nächsten 25 Jahre! Möge Gott Euch auch weiterhin beistehen, Euch viel Freude an Euren Kindern schenken und Euch noch lange in bester Gesundheit beisammenlassen.

Hoffentlich werden auch wir die Silberne Hochzeit so in Gesundheit und Harmonie verleben können wie Ihr.

In alter Liebe und Verbundenheit bin ich an Eurem Festtage bei Euch
Euer Wolfgang

Sohn gratuliert Vater zum 75. Geburtstag

»Hoch soll er leben, hoch soll er leben, dreimal hoch!«

Lieber Vater,

zu Deinem 75. Geburtstag wünsche ich Dir alles Liebe und Gute – vor allem natürlich Gesundheit. Gern hätte ich die erste Flasche der zugleich auf den Weg gebrachten Kiste Wein mit Dir gemeinsam getrunken, aber wenn sich bei Dir die Schar der Gratulanten anstellt, werde ich über dem großen Teich sein und vermutlich mit amerikanischen Geschäftspartnern verhandeln. Du kannst mir glauben, ich wäre wirklich lieber bei Dir. Ganz nebenbei: Die haben auch bei weitem nicht so einen guten Weinkeller wie Du. Aber an meiner Stelle wird Hildegard kommen, um mit Dir anzustoßen.
Noch einmal: Alles Liebe und alles Gute!

Dein Alfred

Zur Priesterweihe und Primiz (Feier der ersten heiligen Messe) eines katholischen Geistlichen

Direktor einer Schule an den Primizianten (Neupriester)

Sehr geehrter Primiziant,

in der freundlichen, dem Lehrerkollegium zugeleiteten Anzeige Ihrer am 1. März in Köln empfangenen Priesterweihe und Ihrer am 10. März in Neustadt gefeierten Primiz dürfen wir das Zeichen Ihrer andauernden Verbundenheit mit unserer Schule erblicken.

Mit herzlichem Dank für dieses Gedenken versichern wir Sie der aufrichtigen Freude unserer Schule über das nach langer Vorbereitung erreichte Ziel und sprechen Ihnen die besten Wünsche für eine gesegnete und erfolgreiche Zukunft aus.

Im Namen des Lehrerkollegiums
Doktor Ehrenberg

Ein Bekannter an den Primizianten (Neupriester)

Lieber Carlo,

zur Feier Deiner Priesterweihe und Deines ersten heiligen Meßopfers spreche ich Dir, auch im Namen meiner Eltern, meine herzlichen Glückwünsche aus. Es tut mir leid, daß ich in dieser Zeit gerade in der Schweiz bin, sonst wäre ich sehr gern zur Meßfeier in die St.-Josef-Kirche nach Neustadt gekommen.

Viele herzliche Grüße
Dein Norbert

Gemeindemitglied zum Silbernen Priesterjubiläum des Pfarrers

Sehr geehrter Herr Pfarrer Fischer,

zu Ihrem Silbernen Priesterjubiläum möchte ich Ihnen meine herzlichen Glückwünsche aussprechen.
Bitte erlauben Sie es mir als einem der ältesten Gemeindemitglieder, Ihnen für Ihr nunmehr 10jähriges Wirken hier am Ort zu danken und zugleich auszudrücken, was wohl alle in dieser Gemeinde an Ihnen so besonders schätzen.
Wir wissen, daß die »Eile der Zeit« auch einen Pfarrer nicht ausnimmt. Um so wohltuender empfinden wir es, daß Sie immer für jeden von uns da sind, der Sie braucht – daß Sie stets Zeit zu geben wissen, obgleich auch Sie keine Stunde mehr als andere haben.
Daß Ihr Wirken in unserem sozialen Arbeitskreis gute Früchte trägt, werden Sie am besten an unserer wachsenden Mitwirkung ablesen können. Vorurteile, die es anfangs

sicherlich gab, sind geschwunden. Meinungsverschiedenheiten und Konflikte werden heute anders ausgetragen, als es früher oft üblich war. Das ist bestimmt auf Ihre ausgleichende Art zurückzuführen. Zum Schluß möchte ich Ihnen noch einmal herzlich danken für Ihre Hilfe und Ihren Rat bei dem schrecklichen Unglück meiner Tochter und ihres Kindes.

Ich bitte Gott um seinen Segen für Ihre weitere Arbeit. Mit den besten Grüßen bin ich

Ihr Heinrich Degener

Fünf allgemein gehaltene Glückwünsche zum Jahreswechsel

Prost Neujahr 19..!
Oskar Schmidt

Ein glückliches, erfolgreiches und vor allem gesundes Jahr 19.. wünschen Ihnen

Oskar Schmidt und Frau Waltraud

Die besten Wünsche zum Jahreswechsel sendet
Oskar Schmidt

Ein gutes und erfolgreiches Jahr 19.. wünscht
Oskar Schmidt

Ein neues Jahr steht bevor. Möge es Ihnen und Ihrer Familie alles bringen, was Sie sich wünschen.

Oskar Schmidt

Neujahrsgrüße an einen Vorgesetzten

Sehr geehrter Herr Doktor Pfaffenholz,

Ihnen und Ihrer Familie sende ich, auch im Namen meiner Frau, die besten Glückwünsche zum Neuen Jahr.

Ihr
Gustav Fröhlich

Drei allgemein gehaltene Glückwünsche zu Weihnachten

> Frohe und friedvolle Weihnachten wünscht
> Oskar Schmidt
>
> Ihnen und Ihren Angehörigen wünscht ein frohes und gesegnetes Weihnachtsfest
> Ihr Oskar Schmidt
>
> Oskar und Waltraud Schmidt senden Ihnen herzliche Grüße zum Weihnachtsfest

Weihnachtsgrüße an den Patenonkel

> Lieber Patenonkel,
>
> »Ein frohes Weihnachtsfest und ein glückliches Neues Jahr« – wollte ich Dir eigentlich persönlich wünschen. Aber diesmal klappt es leider nicht. Der kalte Dezemberwind hat zunächst bei Waltraud, dann bei mir eine Grippe ausgelöst. So kommt es, daß ich Dir Dein Weihnachtsgeschenk (ein Kistchen guten Wein) heute mit der Post schicken muß. Ich hoffe aber, daß das Paket, trotz der üblichen Überlastung der Post, noch rechtzeitig bei Dir ankommt. Dir aus der Ferne – dafür aber absolut bazillenfrei – ein herzhaftes »Prost« !
>
> Dein Oskar
>
> Waltraud und die Kinder schließen sich den guten Wünschen an.

Zwei allgemein gehaltene Grüße zu
Weihnachten und Neujahr

> Ein gesegnetes Weihnachtsfest und alles Gute zum Neuen Jahr wünscht Ihnen und Ihrer ganzen Familie
>
> Ihr Oskar Schmidt
>
> Ein frohes Weihnachtsfest und alles Gute im Neuen Jahr wünschen Ihnen
>
> Oskar Schmidt und Frau

Ostergrüße von Oma

Mein lieber kleiner Patrick,

stell Dir vor, als ich heute morgen in mein Wohnzimmer ging, hatte der Osterhase ein kleines Geschenk auf den Eßtisch gestellt. Davor stand ein großes Schild, auf dem geschrieben war: Liebe Oma, ich komme etwas früher, damit Du dem Patrick mein Geschenk noch rechtzeitig schicken kannst. Wenn mich der Osterhase so lieb darum bittet ... hier ist es. Freust Du Dich?

Gerade kommt Waldi ins Zimmer. Er knurrt mich an, weil er unbedingt will, daß ich Dir von ihm Grüße ausrichte. Und Du sollst bald wieder einmal mit ihm spielen. Frag doch bitte Papa und Mama, wann Ihr wieder einmal ein Wochenende zu mir kommt! Wir würden uns sehr freuen, Waldi und ich. Bald wird es ja auch wieder wärmer, und da könnten wir schön im Park spazierengehen, und Du könntest mit Waldi herumtollen. Wir freuen uns wirklich schon sehr darauf.
Oma und Waldi wünschen Dir, der lieben Mama und dem Papa ein schönes Osterfest. Du wirst sicherlich viele bunte Ostereier finden.

Glückwunsch zum Einzug ins neue Heim

Liebe Barths,

die Amerikaner sollen so fest an ihre Träume glauben, daß sie manchmal in Erfüllung gehen. Warum sollten Mitteleuropäer es den Amerikanern nicht nachmachen?
Sie haben so lange vom eigenen Heim geträumt, und nun ist der Traum wahr geworden. Wir wünschen Ihnen, daß Sie darin viele glückliche und zufriedene Stunden erleben werden, und freuen uns schon auf die angekündigte Einweihungsfeier.

Gruß
Ihre Watzmanns

Glückwunsch zum Aufstieg einer Fußballmannschaft
(Brief an den Vereinsvorsitzenden)

Lieber Herr Jass,

nun hat es der FV Bad Honnef endlich geschafft. Noch oft denke ich an die Zeit, in der dieser Verein in der Kreisklasse gespielt hat, in die Bezirksklasse aufgestiegen und auf Anhieb zur Landesliga »durchmarschiert« ist. Als wäre es gestern gewesen, erinnere ich mich an die ersten beiden Jahre in der Landesliga, an den dauernden Kampf gegen den Abstieg.
Immer habe ich Ihren Optimismus bewundert, mit dem Sie den Vorstand des Vereins und die Spieler der ersten Mannschaft angesteckt haben. Sicherlich hat diese Zuversicht dazu beigetragen, daß Ihr und unser HFV heute den größten Tag seiner Geschichte feiern kann, den Aufstieg in die 1. Amateurliga.
Bitte richten Sie der Mannschaft, dem Trainer und dem übrigen Vorstand meine herzlichen Glückwünsche aus.

Ihr treuer HFV-Fan
Horst Kommer

Ein langjähriger Mitarbeiter gratuliert einer Kollegin zur Wahl in den Aufsichtsrat

Sehr geehrte Frau Schröder,

wenn jemand die Wahl als Arbeitnehmervertreterin in den Aufsichtsrat unseres Unternehmens verdient hat, dann Sie.
Stets waren Sie für alle Mitarbeiterinnen und Mitarbeiter da, stets haben Sie sich für jeden eingesetzt, auch wenn er nur ein kleines Problem hatte. Für Ihre neue Aufgabe wünsche ich Ihnen Durchsetzungsvermögen, Standhaftigkeit, diplomatisches Geschick und auch jenes Quentchen Glück, das nun einmal dazugehört.

Ihr Hugo Meister

Wiederwahl zum Vereinsvorsitzenden

Sehr geehrter Herr Mayer,

wie hätte die Wahl auch anders ausgehen können? Das eindeutige Votum unserer Verbandsmitglieder spricht doch eine deutliche Sprache, nicht wahr? Wenn ich bedenke, daß Sie sich aus dem Vorstand zurückziehen wollten. Kaum auszumalen, was geschehen wäre! Mit Ihnen hätte die ausgleichende Kraft gefehlt. Deshalb freue ich mich ehrlichen Herzens, daß Sie wieder an entscheidender Stelle mitwirken.

Ihr Peter Nebendorf

Kongreßteilnehmer beglückwünscht Referenten zu einem guten Vortrag

Ihr Referat auf dem Mikrofilmkongreß

Sehr geehrter Herr Doktor Schmitz,

zunächst war ich unsicher, ob ich Ihnen diesen Brief schreiben sollte. Aber es muß gesagt werden: Selten hat mich ein Referat so begeistert wie das Ihre. Selten habe ich allerdings auch so mutige Äußerungen gehört. Sicherlich werden Sie sich in der Branche nicht nur Freunde geschaffen haben. Aber Sie haben mir und bestimmt auch vielen anderen aus dem Herzen gesprochen. Mit einigen Kollegen habe ich noch bis spät in die Nacht über Ihre Argumente diskutiert. Wir sind übereinstimmend davon überzeugt, daß es mit unserer gemeinsamen Sache nur dann vorangeht, wenn es so qualifizierte Leute wie Sie gibt, die auch einmal den Mut haben, etwas Unpopuläres zu sagen.
Eine Bitte habe ich: Können Sie mir das Manuskript oder wenigstens einige Stichworte Ihres Vortrages zur Verfügung stellen?

Vielen Dank,
Ihr Ernst Malltzan

Beileidsschreiben

Einem Menschen sein Beileid auszudrücken, fällt wohl jedem von uns immer wieder schwer. Man fühlt sich hilflos und weiß, wie wenig Worte zu trösten vermögen.
Dennoch ist der Beileidsbrief eine gute Sitte, und sei es nur, weil der Trauernde spürt, daß er nicht ganz allein ist, daß er unter Menschen lebt, die an ihn denken und Anteil nehmen.
Natürlich hängt die Wirkung eines Beileidsbriefes auch davon ab, wie wir unser Mitgefühl ausdrücken. Hat der Empfänger den Eindruck, daß jemand nur seine Höflichkeitspflicht erfüllen wollte? Oder merkt er, daß die Worte ehrlich gemeint sind, vielleicht sogar von Herzen kommen?
In dem Bemühen, aufrichtiges Mitgefühl deutlich werden zu lassen, neigen wir leicht zu Wörtern und Wendungen, die teils steif, teils übertrieben klingen.
Oberstes Gebot für Beileidsbriefe ist deshalb: Natürlichkeit und Schlichtheit. »Betroffen sein« ist oft mehr als »zutiefst erschüttert«.
Ein Teil unserer Verlegenheit und Ungeschicklichkeit bei Todesfällen rührt vielleicht auch daher, daß wir diesem Thema, dem Zug der Zeit folgend, immer so weit wie möglich ausgewichen sind. Könnte es nicht sinnvoll sein, die eigene Einstellung und Haltung, wenn es den »Nachbarn« trifft, einmal zu überdenken? Ernsthafte gedankliche Auseinandersetzung mit einer ernsten Sache hilft uns zugleich, die richtigen Worte zu finden, während oberflächliches »Was-tut-man-Denken« stets auch zu oberflächlichen Äußerungen führen wird.
Zum Äußerlichen: Wenn Sie eine vorgedruckte Karte wählen – bei nicht so Nahestehenden durchaus angebracht – bevorzugen Sie keine prunkvollen, sondern einfache Darstellungen; sie sind meistens angemessener, geschmackvoller. Schreiben Sie einen Brief, verzichten Sie auf den schwarzen Trauerrand. Schwarz im Trauerhaus gibt es schon genug.

Ein Herr schreibt an die Witwe eines Sportkameraden, der bei einem Skiunfall ums Leben gekommen ist

Liebe Marlies,

mit großem Schrecken haben meine Frau und ich von dem tragischen Unglück gehört, das Dir Deinen lieben Mann und mir einen guten Freund genommen hat.

Noch vor zwei Wochen haben wir zusammengesessen und Pläne für die kommende Vereinsfahrt geschmiedet. Erwin hat sich wie ein Kind auf diese Tour gefreut. Du weißt ja selbst, wie gern er gereist ist.
Liebe Marlies, diese wenigen Worte können Dir sicherlich nicht über den schweren Verlust hinweghelfen. Aber bedenke bitte, Du bist noch jung, das Leben wird weitergehen – trotz allem.
Wenn meine Frau oder ich Dir irgendwie helfen können, sag es. Und wenn Du einmal nicht weiter weißt, dann denk daran, daß Du immer, auch ohne Anmeldung, zu uns kommen kannst. Nach einem Gespräch oder einem gemeinsamen Spaziergang sieht die Welt oft ganz anders aus.

Günther

Ein Herr schreibt an die Witwe seines Lehrmeisters

Sehr verehrte Frau Krings,

die Nachricht vom Tode Ihres Mannes hat mich tief getroffen. Ich habe ihn als einen Menschen kennengelernt, dessen Urteil ich stets geschätzt und geachtet habe.
Leider kann ich am Montag nicht zur Beisetzung kommen. Bitte legen Sie deshalb den Kranz, den ich diesem Brief mitgebe, am Grabe Ihres verehrten Gatten nieder.

In aufrichtiger Anteilnahme
Wolf Krusse

Schwester an Bruder zum Tod seiner Frau

Lieber Robert und alle Ihr Lieben,

obwohl man seit langem mit Gertrudes Heimgang rechnen mußte, hat uns die Nachricht dennoch sehr erschreckt. Der Gedanke, daß Sie nun erlöst ist und ihr Lebensziel erreicht hat, gibt Trost, trotz allen Abschiedsschmerzes. Diesen Schmerz fühle ich mit Euch. Ich bin so dankbar, daß ich Gertrude noch einmal besuchen konnte. Ich habe in den letzten Wochen viel an Euch und Gertrude gedacht.
Nun hat Gott sie zu sich gerufen. Wir lassen in der Kirche

eine heilige Messe für sie feiern und gedenken der lieben Verstorbenen und Euer aller. Dir, Robert, wünsche ich viel Kraft.

In herzlicher Anteilnahme und stillem Gedenke.
Eure Cläre

Bekannter der Familie zum Tod der Eltern

Sehr geehrte Geschwister Heidenreich,

zum Tode Ihrer Eltern möchte ich Ihnen mein herzlich empfundenes Beileid ausdrücken. Sie sind alle hart getroffen. Ich wüßte nicht, wie ich Sie anders trösten sollte und könnte als durch mein Versprechen, der lieben Toten im Gebet zu gedenken.

Ihr Josef Krämer

An Cousine zum Tod der Mutter

Liebe Dagmar,

die Nachricht vom Tode Deiner Mutter hat mich und uns alle hier tief erschüttert. Ich kann mir kaum vorstellen, daß die gute Tante Elisabeth nun nicht mehr da sein soll. Sie hat mir in all den Jahren, in denen ich nun in Eurer Nähe wohne, in ihrer netten, liebevollen, selbstlosen Art Breisach zu meiner zweiten Heimat gemacht. Ich werde sie sehr vermissen.
Die Mutter ist nun heimgegangen, und wie es in Dir und Euch allen daheim aussehen mag, kann ich mir wohl ein wenig vorstellen. Ich habe in den letzten Tagen so oft an Dich gedacht. Du wirst viel Kraft brauchen, das Unvermeidliche zu tragen. Mögen Dir und Euch allen die Tage des Abschieds von der lieben Mutter nicht allzu schwer werden. Ich wollte, ich könnte Dir helfen.
Dankeschön für Deinen Anruf! Am Montag werden wir uns sehen. Viel Zeit für ein Gespräch wird da kaum sein, und deshalb möchte ich Dir schon heute sagen, daß ich immer für Dich da bin, wenn Du meine Hilfe brauchst.

Liebe Grüße an Euch alle
Deine Ingeborg

Danksagungen

Danksagung an eine Nachbarin für Glückwünsche zur Vermählung

Liebe Frau Lehner,

herzlichen Dank, auch im Namen meines Mannes und meiner Eltern, für Ihre lieben Wünsche zu unserer Hochzeit. Über die wunderbaren Blumen haben wir uns sehr gefreut.

Viele Grüße
Ninet Fischer und Familie

Brief eines jungen Ehemannes an die Schwiegereltern

Liebe Mama, lieber Vater

Erikas und mein großer Tag ist vorbei, die Hochzeitsgäste sind gegangen, die Hochzeitsblumen beginnen zu verblühen. Neben vielen anderen schönen Dingen bieten die Flitterwochen auch einige beschauliche Minuten zum Überlegen und zum Briefeschreiben.
Meinen ersten Brief als Ehemann sollt Ihr, liebe »Schwiegereltern« bekommen. Er soll Euch sagen, wie sehr ich Euch zu Dank verpflichtet bin für all das, was Ihr für Erika und mich getan habt. Für die wunderschöne Hochzeitsfeier, für die Wohnungseinrichtung, die Ihr uns geschenkt habt, und für die Reise nach Rom.
Aber alle diese Dinge, wie sehr treten sie in den Hintergrund, wenn ich an Euer größtes Geschenk denke, das Ihr mir persönlich gemacht habt – Eure Tochter! 21 Jahre war sie ein Teil Eures Lebens. Ihr beide habt sie zum liebenswertesten Geschöpf gemacht, das ich je kennengelernt habe. Danke.

Euer Dieter

Gedruckte Danksagung für Glückwünsche zur Hochzeit

Für die zahlreichen Glückwünsche zu unserer Hochzeit sprechen wir Ihnen unseren herzlichen Dank aus.
Manfred Kösters und Frau Elisabeth geb. Marcellus

8600 Augsburg, 09.05...
Stammheimerstr. 90

Wenn die Glückwünsche von einem Geschenk begleitet waren, wird man handschriftlich danken. Das gibt natürlich die Gelegenheit, auf das Geschenk ein wenig einzugehen.

Danksagung für ein Hochzeitsgeschenk

Liebe Tante Erna,

wir haben uns sehr über das Telegramm gefreut, das Du uns zu unserer Hochzeit geschickt hast. Inzwischen ist auch die wunderbare Grafik angekommen.
In gewisser Weise hat sie etwas Symbolhaftes an sich. Nicht nur deshalb wird sie in unserem Wohnzimmer einen Ehrenplatz erhalten.
Wann wirst Du uns denn einmal besuchen kommen? Bitte schreib uns bald.

Von Herzen grüßen Dich
Ruth und Sonny

Dank für ein persönliches Darlehen

Herrn Franz Franzmann
Oskar-Jäger-Weg 12

6000 Frankfurt 1

Ihr Schreiben vom 31. 10. ..

Sehr geehrter Herr Franzmann,

mittlerweile wohne ich nicht mehr in Frankfurt. So ist es zu erklären, daß ich Ihren Brief erst heute erhalten habe. Entschuldigen Sie also bitte die etwas späte Antwort, sie ist nicht auf bösen Willen zurückzuführen.
Selbstverständlich werde ich das Darlehen, das Sie nach dem Tod meines Vaters meiner Mutter gewährt haben, zurückzahlen. Wären Sie mit 5 Monatsraten zu je 300 DM einverstanden? Einen ersten Scheck über diesen Betrag lege ich bei. Auf jeden Fall möchte ich Ihnen noch einmal für die großzügige Hilfe danken, mit der Sie meiner inzwischen verstorbenen Mutter über die damals so schwere Zeit hinweggeholfen haben.

Mit freundlichem Gruß Erwin Sand

Liebesbriefe

Liebe scheut meistens die Öffentlichkeit, sie ist das Intimste im Leben zweier Menschen. Reden sich Liebende mit ihren Kosenamen an, dann kann das auf Außenstehende recht lächerlich wirken. Nach überschwänglich formulierten Liebesbriefen werden Sie deshalb hier vergeblich suchen.*

Aber – zwischen Überschwang und Förmlichkeit gibt es vielerlei, was Verliebte und Liebende einander zu schreiben haben. Erste freundliche Zeilen, Annäherung, Zwischen-den-Zeilen-Geständnisse, Briefe zu schwierigen Situationen, Trennungsbriefe ...

Neben dem Brief spielt im Bereich der Liebesbeziehungen die Heiratsanzeige eine große Rolle. Ein Blick in die Samstagsausgaben der Tageszeitungen beweist es. Die Zahl der Partnersuchenden ist groß, und hinter jeder Anzeige verbirgt sich ein Gefühl, ein Schicksal – ein Mensch, der sich nach einem Lebensgefährten sehnt. Die Formulierungen, die wir da manchmal zu lesen bekommen, sind sicherlich manchmal erheiternd. Aber bedenken wir: *gemeint* sind sie ernst. Und drücken nicht auch wir uns in dieser oder jener Situation ungeschickt aus? Im übrigen: Lieber etwas holprig als zu elegant und glatt, denn ob Profitexte hier stets die besseren sind, darf man bezweifeln.

Was kennzeichnet die gute Heiratsanzeige? Eigentlich ein Widerspruch: Offenheit und Zurückhaltung zugleich. Offenheit, das heißt hier: klare Informationen statt verschleiernder Gemeinplätze. Zurückhaltung, damit ist gemeint: freundlicher Optimismus statt übertriebener Vorwegnahme von Vertrautheit, die noch gar nicht vorhanden ist und sein kann.

Zur Offenheit gehört die Ehrlichkeit. Man braucht durchaus nicht so weit zu gehen, in extremer Selbstkritik alle seine Fehler anzuprangern. Aber den charakterlichen Typ anzudeuten kann nicht schaden, und konkrete Gebrechen sollte man nicht verschweigen. Wer anderen, wenn auch in bester Absicht, etwas vorzumachen versucht, programmiert seine eigenen Enttäuschungen. Wer sich freimütig und gleichzeitig taktvoll äußert, gibt sich die beste Chance.

---

* Interessierten Lesern empfehlen wir die umfangreiche Sammlung von Musterbriefen in ht 377, »So schreibt man Liebesbriefe!« von Renate Zaky, Humboldt-Taschenbuchverlag, München.

Drei Heiratsanzeigen

> **Junger, netter Mann,** 24, 1,80, gesch., möchte zwecks Heirat junge hübsche Partnerin kennenlernen. WAKADI Eheverm. GmbH, Leverkusen, Telefon: 02172...

> **Mein zehnjähriger Sohn und ich** suchen eine neue Mutter und Frau. Ich bin 37 Jahre, nicht unvermögend, selbständig. Wir wünschen uns eine gutaussehende Dame mit Niveau, die schlank und sportlich ist. Alter zwischen 27 und 33 Jahren, Kind kein Hindernis. Eine große moderne Wohnung ist vorhanden. Bildzuschriften unter...

> Möchten Sie einen **Innenarchitekten** kennenlernen, mit ihm gemeinsam Urlaub machen und ihn vielleicht heiraten? Wenn Sie fraulich aussehen, sportlich sind und klassische Musik mögen, schreiben Sie bitte. Chiffre....

Auf eine Heiratsanzeige zu antworten ist fast ebenso schwierig, wie eine Heiratsanzeige zu entwerfen. Immerhin hat der Antwortende den Vorteil, daß er schon etwas von seinem Briefpartner weiß; er kann sich den Menschen vielleicht schon vorstellen. Wieweit Vorstellung und Wirklichkeit übereinstimmen, wird sich allerdings erst später herausstellen.

Gehen Sie auf die Anzeige ein. Schreiben Sie offen, natürlich und ausführlich. Der Empfänger Ihrer Zeilen soll ja den Eindruck erhalten: hier schreibt mir ein Mensch, mit dem ich mein Leben teilen kann.

Die folgenden Briefe beziehen sich alle auf Heiratsanzeigen, die so in verschiedenen Tageszeitungen zu lesen waren.

Anknüpfung auf Heiratsinserat, Herr an Dame

> Wem fehlt eine glückliche Familie? Mutti, 40 Jahre alt, 1,63 groß, schlank, sehr sportbegeistert (allerdings wegen Körperfehler nicht aktiv), 3 Kinder zwischen 11 und 14 Jahren, sucht aufrichtigen, ehrlichen und zärtlichen Freund und Vater.

Sehr verehrte Inserentin,

als ich Ihr Inserat las, dachte ich gleich, diese Dame könnte die richtige Partnerin für dich sein. Ich bin 45 Jahre alt, Malermeister und habe ein eigenes Geschäft. Darüber hinaus besitze ich ein nettes Einfamilienhaus, das viel Platz für Sie und Ihre Kinder bieten würde.
Nach dem Tode meiner Frau vor zwei Jahren habe ich nie wieder die Gelegenheit gehabt, eine menschliche Bindung zu knüpfen. Auch ich habe einen Sohn. Er ist 23 Jahre alt und studiert in München Soziologie. Ich höre sehr gerne klassische Musik. Am sportlichen Geschehen in unserem Ort nehme ich als zweiter Vorsitzender des hiesigen Schwimmvereins aktiv teil.
Liebe Unbekannte, ich würde mich sehr gern mit Ihnen treffen. Wenn Sie es auch möchten, dann schreiben Sie mir bitte bald, oder rufen Sie mich an.

Mit freundlichen Grüßen
Ihr Hermann Stoffels

Anknüpfung auf Heiratsinserat, Dame an Herrn

> Er tanzt, liest, faulenzt und reist gern, ist 1,82 groß, 26 Jahre alt und schlank. Welche »Sie« möchte ihr Leben mit ihm teilen? Seine Vorstellungen: Etwa gleiches Alter, ca. 1,70 groß, sportlich und schlank.

Sehr geehrter Herr,

Ihre Anzeige zeugt von einer solchen Fröhlichkeit und Frische, daß ich nicht umhin kann, Ihnen zu schreiben. Ich bin wie Sie 26 Jahre alt und glaube, daß wir äußerlich ganz gut zusammenpassen würden. Auch unsere Interessen sind ähnlich. Ich liebe es, mich von Zeit zu Zeit im Bett zu räkeln. Liebend gern verzichte ich auf einen Fernsehabend, wenn ich ein gutes Buch lesen kann oder gar zum Tanzen eingeladen werde. Meine größte Schwäche ist meine Reiseleidenschaft. Es vergeht kaum ein Monat, in dem ich nicht irgendwohin eine kleine Reise unternehme.
Wirtschaftlich bin ich unabhängig. Ich arbeite als Bankkaufmann und habe sehr viel Freude an meinem Beruf.

Wenn Sie nach diesem Brief meinen, daß wir das Kennenlernen wagen sollten, dann antworten Sie mir bitte bald.

Mit freundlichen Grüßen
Juliane Oppenhoff

Brief an Partybekanntschaft

Sehr geehrtes Fräulein Gruner,

»Ob Sie mich einmal anrufen?« waren Ihre Worte, als Sie so überstürzt die Party bei Kellers verlassen mußten. Hier melde ich mich also, wenn auch nicht telefonisch, dafür aber mit diesem kleinen Brief, mit dem ich Sie einladen möchte, mit mir das Gespräch von Samstag fortzusetzen. Wir waren ja gerade dabei, die vielen gemeinsamen Interessen festzustellen.
Sie sind doch eine Freundin der französischen Küche, nicht wahr? Deshalb könnte ich mir gut vorstellen, daß ich am Samstag um 19.00 Uhr nicht allein an einem Tisch im Restaurant »François« auf der Hohnenstraße sitzen werde. Einverstanden?

Bis dahin auf Wiedersehen
Ihr
Wolfgang Winterberg

Absage an Partybekanntschaft

Wenn die Dame, die diesen Brief erhalten hat, nicht wünscht, sich mit dem Herrn zu treffen, sollte sie ihm dies auf jeden Fall schriftlich mitteilen. Der Brief kann in einer kurzen, aber sehr korrekten Form geschrieben sein.

Sehr geehrter Herr Winterberg,

vielen Dank für Ihren freundlichen Brief. Ihre Einladung in das französische Restaurant kann ich aber leider nicht annehmen. Ich hätte Ihnen schon auf der Party sagen müssen, daß ich – wie man so schön sagt – gebunden bin. Ich bitte um Ihr Verständnis.

Mit freundlichen Grüßen
Jutta Gruner

Wiederaufnahme einer früheren Beziehung, Herr an Dame

Warum gehen Freunde auseinander? Vielleicht weil einer der beiden umzieht, vielleicht weil es durch ein Mißverständnis zum Bruch gekommen ist. Manchmal merkt man später, welchen menschlichen Verlust man erlitten hat, und versucht, die Beziehungen durch einen Brief wieder aufzunehmen.

Liebe Christine,

neun Jahre ist es nun her, seit wir uns zuletzt gesehen haben. Als Du damals umgezogen bist, war ich Soldat.
Durch Zufall – oder ist es mehr? – habe ich erfahren, daß Du als Schreibdienstleiterin in München arbeitest. Meine Freude, Deine Anschrift erfahren zu haben, kannst Du Dir kaum vorstellen. Also habe ich mich sofort hingesetzt, um Dir zu schreiben. Aber je öfter ich neu beginne, um so brennender frage ich mich: »Hat sie dich nach all diesen Jahren vergessen, hat sie ihr Herz vielleicht schon vergeben, will sie vielleicht gar nichts mehr von dir wissen?«
Als ich von der Bundeswehr zurückkam, habe ich gemerkt, wie sich meine Umwelt verändert hatte. Du fehltest mir, und ich wurde mir klar darüber, wie lieb ich Dich hatte. Deine Anwesenheit war immer so selbstverständlich, warum hätte ich Dir da meine Zuneigung gestehen sollen? Keiner unserer Freunde wußte Deine neue Adresse, und was auch immer ich versuchte, ich habe sie nicht erfahren. Aber ich habe mir damals geschworen, daß ich Dich eines Tages wiederfinden würde.
Sicherlich willst Du wissen, was aus mir geworden ist. Nach meinem Studium bin ich in eine Rechtsanwaltskanzlei gegangen, wo ich mir meine ersten Sporen verdient habe. Mittlerweile habe ich mich selbständig gemacht und mir hier ein kleines Häuschen gebaut. Für mich allein ist es etwas groß, es ist eher für eine Familie gebaut.
Es gäbe so viel zu erzählen. Doch was rede ich? Immer spreche ich nur von mir. Dabei möchte ich so gern wissen, wie es Dir ergangen ist.
Bitte schreib mir gleich. Jetzt . . . nimm ein Blatt und einen Federhalter und schreib mir alles von Dir und Deinem Leben. Willst Du?
Sag es aber bitte auch, wenn Deine Zukunft schon geplant ist. Ich wäre dann sicherlich sehr traurig, aber, gute Freunde könnten wir dennoch bleiben, nicht wahr?

Es grüßt Dich Dein Wolfgang

Heiratsantrag an die Braut

Liebe Elke,

Du bist sicherlich erstaunt, heute von mir einen Brief zu erhalten, obwohl wir uns doch jeden Tag sehen und alles gemeinsam besprechen können. Aber um auszusprechen, was Dir dieser Brief sagen soll, fehlt mir der rechte Mut. Wir haben in der letzten Zeit soviel miteinander unternommen. Wir sind ins Theater und in die Oper gegangen. Wir haben uns gemeinsam Filme angesehen und lange Spaziergänge gemacht. Wir haben fast jede Minute unserer Freizeit miteinander verbracht und mußten doch immer dann, wenn es am schönsten war, voneinander Abschied nehmen.
Mein sehnlichster Wunsch, liebe Elke, wäre es, wenn diese Abschiede nicht mehr zu sein brauchten. Ich möchte mein ganzes Leben mit Dir zusammen sein; ich möchte mit Dir die guten wie die bösen Stunden teilen. Geliebte Elke, ich frage Dich deshalb, jetzt, in diesem Brief, ob Du meine Frau werden möchtest. Möchtest Du Dein Leben mit mir teilen und vielleicht die Mutter unserer Kinder sein? Möchtest Du, daß wir unser Schicksal einander anvertrauen?
Ich würde versuchen, Dich nie zu enttäuschen, und ich würde Dich mit jedem Tag mehr lieben. Sei herzlich umarmt und geküßt von

Deinem Wolf

Heiratsantrag an die Eltern der Braut

In den meisten Fällen wird ein junger Mann mündlich bei den Eltern um die Hand der Tochter bitten. Wenn ihm allerdings bekannt ist, daß sich die Eltern gegen die Heirat ihrer Tochter zur Wehr setzen, so wird er es in aller Regel zunächst mit einem Brief versuchen.
Der Brautvater hat zum Beispiel Bedenken gegen den jungen Mann, weil er nicht seinen geschäftlichen Vorstellungen entspricht. Die beiden Liebenden wollen dagegen auf jeden Fall heiraten, wenn möglich aber keinen Bruch mit den Eltern der Braut riskieren. Also schreibt der Bräutigam:

Sehr geehrter Herr Kuster,

Sie wissen, daß Ihre Tochter Anja und ich seit einiger Zeit eng befreundet sind und so bald wie möglich heiraten wollen. Wir sind inzwischen alt genug, um uns über die Tragweite unseres Entschlusses im klaren zu sein. Unsere gemeinsamen Ersparnisse reichen aus, um einen guten Start ins Eheleben zu ermöglichen. Mein Einkommen als Angestellter einer Versicherungsgesellschaft ist hoch genug, um sowohl Ihrer Tochter wie auch einem eventuellen Familienzuwachs ein angenehmes und sorgenfreies Leben gewährleisten zu können.

Ich bitte Sie deshalb um die Hand Ihrer Tochter und verbinde diese Bitte mit der Versicherung, daß ich Anja ein treuer Ehemann und Ihnen und Ihrer Gattin ein guter Schwiegersohn sein werde.

Bitte überprüfen Sie noch einmal Ihre Bedenken, die Sie gegen mich haben. Anja und ich, wir meinen, daß geschäftliche Interessen kein Grund sein können, Liebende von einer Eheschließung abzuhalten, wie sie auch kein Grund sein sollten, dahin zu drängen. Es liegt meinem Denken völlig fern, Anja Ihres Geschäftes wegen heiraten zu wollen. Sie können sicher sein, daß wir Ihnen gegenüber keinerlei Ansprüche stellen werden. Wir bitten Sie nur um Ihren Segen für unser Leben zu zweit. Bitte verschließen Sie sich diesem Wunsch nicht.

Sehr gern würde ich meine Bitte um die Hand Ihrer Tochter persönlich Ihnen und Ihrer verehrten Frau Gemahlin vortragen. Ich wär Ihnen deshalb dankbar, wenn Sie mich am kommenden Sonntag um 16 Uhr zu einem persönlichen Gespräch empfangen könnten.

Ihr Heinrich Rörig

Ein Mädchen löst eine Beziehung

Lieber Max,

bei unserem letzten Treffen, das ja mit dem großen Streit endete, haben wir vereinbart, uns vier Wochen nicht mehr zu sehen, um über all die Dinge nachzudenken, die unsere Beziehung belasten.

Du weißt ebensogut wie ich, daß der letzte Streit nur als der Gipfel eines Berges von geradezu unüberbrückbaren Gegensätzen anzusehen ist. Unsere Ansichten über ein späteres gemeinsames Leben gehen doch so weit auseinander, daß sie trotz besten Willens nicht auszugleichen wären.

Ich glaube ganz bestimmt, daß ein gemeinsames Leben für uns beide eine ständig zunehmende Belastung bedeuten würde. Und ich finde, wir sind es uns und der schönen Zeit, die wir zusammen verbracht haben, schuldig, aus dieser Erkenntnis heraus jetzt auseinanderzugehen. Ich glaube auch nicht, daß es Wege geben würde, die doch in eine gemeinsame Zukunft weisen würden, sondern vielmehr, daß in einer Ehe einer von uns beiden seine Persönlichkeit zugunsten des anderen aufgeben müßte.

Es mag sein, daß unsere Trennung uns im Augenblick sehr weh tut. Vor allem, wenn wir an die fünf doch sehr schönen Jahre zurückdenken. Aber Du wirst einsehen, daß der jetzt gefaßte Entschluß für uns beide das Beste ist. Ich wünsche Dir, lieber Max, für Deine private und menschliche Zukunft alles Gute.

Leb wohl!
Deine Christina

Ein junger Mann löst eine Beziehung

Liebe Elke,

durch Dein Verhalten auf dem Studentenball hast Du mich sehr enttäuscht. Natürlich weiß ich, daß Du ungebunden bist, aber ich habe immer geglaubt, daß unsere Beziehung mehr ist als eine lose Freundschaft. Zumindest habe ich Deine Briefe und Deine lieben Worte so interpretiert. Jetzt aber hast Du mich auf dem Ball einfach unbeachtet gelassen und nur mit anderen getanzt. Von Wolf weiß ich, daß Du die Feier später auf Deinem Zimmer, wie man so schön sagt, »feucht-fröhlich« fortgesetzt hast. Das war zu einer Zeit, als ich bereits nach Hause gegangen war.

Aus Deinem Verhalten, liebe Elke, sehe ich jetzt, daß es für uns keine gemeinsame Zukunft geben kann. Glaube mir, es ist für mich sehr bitter, diesen Brief zu schreiben, aber mir bleibt wirklich keine andere Wahl.

Ich wünsche Dir für Deine Zukunft alles Gute und hoffe, daß Du mich trotz allem nicht vergißt.

Dieter

Ein Herr schreibt einen Abschiedsbrief

Liebe Jutta,

Du hast selber gesagt, daß ich mich in den letzten Wochen sehr verändert hätte. Es tut mir wirklich leid, wenn Du Dir darüber Gedanken machst. Bisher hatte ich aber noch nicht den Mut, mit Dir ehrlich über die Dinge zu reden. Vielmehr habe ich Dich bisher über die wahren Umstände nicht nur im unklaren gelassen, ich habe Dich sogar belogen.
Es ist zum Beispiel kein Wort davon wahr, daß ich bei meinem Arbeitgeber gekündigt habe, weil er mir nicht mehr Geld geben wollte. Wahr ist, daß man mir gekündigt hat. Das war ein schwerer Schlag für mich.
Als ich, trotz mehrerer Bemühungen, keine neue Arbeitsstelle finden konnte, habe ich mich entschlossen, nach Australien auszuwandern. Das nötige Kapital habe ich mir in den letzten Wochen zusammengebettelt. Gleichzeitig habe ich alle notwendigen Formalitäten mit der australischen Einwanderungsbehörde geregelt und ein Schiffsticket gekauft. Morgen wird mein Schiff abfahren. Wenn Du diesen Brief erhältst, bin ich bereits auf hoher See. Ich weiß, liebe Jutta, wie feige mein Verhalten Dir gegenüber ist. Aber ich sehe keinen anderen Ausweg. Bitte versuch mich zu verstehen, auch wenn Du meinst, Dir würde das Herz zerbrechen. Denke daran: Das Leben geht weiter.
Ich wünsche Dir alles Liebe und alles Gute und werde Dich nie vergessen.

Dein Stephan

Und noch ein Abschiedsbrief

Zwei junge Leute haben zusammengelebt. Die Verbindung hält nicht.

Liebe Erika,

dies muß also mein letzter Brief sein. Ich kann Deine Tränen verstehen, aber sicherlich wirst Du mit der Zeit einsehen, daß mein Entschluß richtig war. Wenn Dir dadurch leichter wird, schimpfe ruhig über mich. Nenne mich einen Egoisten, der ich ja im Grunde auch bin. Ich weiß, daß ich Dir das Leben mit mir nicht leichtgemacht habe; ich weiß, daß ich zu oft mit dem Kopf durch die Wand wollte. Über all das haben wir uns immer und immer wieder unterhalten, wir haben nächtelang gestritten. Es ist besser für uns beide, wenn jetzt all das vorbei ist.

Mein Liebes, ich danke Dir für die schöne Zeit, die Du mir geschenkt hast. Bitte hab Verständnis dafür, daß ich nicht mehr in unsere Wohnung zurückkommen will. Bitte pack mir meine Kleider in den großen Koffer, Rolf wird ihn am Montag für mich abholen.

Leb wohl,
Dein Ralf

Briefe aus beruflichem Anlaß

Stellenanzeigen

Fühlen Sie sich auf Ihrem Arbeitsplatz nicht wohl? Verdienen Sie zuwenig? Möchten Sie deshalb gerne den Arbeitsplatz wechseln? Haben Sie mit Ihren Bewerbungsschreiben keinen Erfolg gehabt? Warum versuchen Sie es nicht einmal mit einer eigenen Stellenanzeige?
Wer den Stellenmarkt kennt, der weiß, daß wie beim Automarkt Anzeige neben Anzeige steht. Wie kann man bei diesem Angebot auf seine Anzeige aufmerksam machen?
Man muß versuchen, im positiven Sinne aufzufallen; und das ist gar nicht so schwer, wenn man einige Grundregeln beachtet:
Eine Anzeige fällt durch Größe, eigenwillige Gestaltung und einen überzeugenden Text auf. Zunächst zur Größe: Sie ist eine Frage des Geldbeutels. Natürlich sollte sie der gesuchten Stellung angepaßt sein. Die Anzeige, in der sich ein Kaufmann um eine Stelle als Geschäftsführer bewirbt, wird größer sein als die Annonce einer jungen Dame, die nach dem Staatsexamen eine Anfangsstellung sucht.
Die Gestaltung einer Stellenanzeige ist keineswegs, wie viele Menschen glauben, eine Frage des persönlichen Geschmacks. Eine *bewußt häßlich* gestaltete Anzeige fällt zwar auf, sie verfehlt aber ihren Zweck, weil sie den Leser negativ beeinflußt. Und das ist ja nun gerade nicht gewollt.
Auf den folgenden Seiten finden Sie einige harmonisch gestaltete Anzeigen. Sie haben eines gemeinsam: Die wenigen Stichworte, auf

die es ankommt, wirken als Blickfang. Sie sind in einer anderen Schriftart gesetzt, z. B. fett geschrieben, eingerückt oder gesperrt.

Diplom-Übersetzer

Spanisch/Italienisch, Uni Bonn, ADI Germersheim, sucht Anfangsstellung. Angebote unter...

Junger Industriekaufmann

21, mittlere Reife, möchte nach Abschluß seiner Lehre in einem Industriebetrieb (Chemie) als Einkaufssachbearbeiter arbeiten. Bieten Sie ihm eine Chance? Angebote unter...

Sekretärin

34, Höhere Handelsschule, perfekt in allen Büroarbeiten, bisher in Chefsekretariat tätig, sucht neue Stelle im Raum Heidelberg. Angebote unter...

Luftverkehrskaufmann

Betriebswirtschaftlicher Organisator MDO 35, Abitur, 10 jährige Organisatorenpraxis in einem Verkehrsunternehmen, ungekündigt, sucht neuen, verantwortungsvollen Wirkungskreis. Angebote unter...

Nachwuchskaufmann

25, Abitur, Versicherungslehre, Praxis im Rückversicherungsgeschäft, 1 Jahr Ausland, fließend Spanisch, brauchbar Engl., Franz., erbittet Angebote...

Eine noch so harmonisch gestaltete Anzeige wird ihr Ziel verfehlen, wenn der Text nicht in den Rahmen paßt. Der Text gibt letztlich dem Leser der Anzeige die entscheidenden Anhaltspunkte, die ihn veranlassen, sich mit dem Inserenten in Verbindung zu setzen. Deshalb muß er überzeugen.

»Dame, Sprachausbildung Franz./Engl., sucht Stelle als Chefsekretärin/Übersetzerin.«

Was die Dame sucht, ist für das Unternehmen nur von untergeordneter Bedeutung. Interessant ist vielmehr, was sie zu bieten hat, und das geht aus dieser Anzeige nur indirekt hervor. Wie soll sich die künftige Firma anhand dieser Anzeige ein Bild davon machen können, wie die Bewerberin eingesetzt werden kann? Die Angabe »Sprachausbildung« ist dafür zu dürftig. Wissenswert wäre gewesen: Welchen Schulabschluß hat die Dame, was ist genau unter »Sprachausbildung« zu verstehen, welche Bürokenntnisse hat sie (schließlich will sie ja Chefsekretärin werden), und welche Erfahrungen hat sie auf welchem Fachgebiet gemacht.

»Qualifizierter Kaufmann, zur Zeit im Ausland tätig, perfekte Englisch-, Französisch-, Spanisch- und Portugiesischkenntnisse, sucht Position als Abteilungsleiter in einem größeren deutschen Unternehmen.«

Der Mann kann als Kaufmann sehr qualifiziert sein. Die Anzeige aber enthält – außer der eigenen Angabe – keinen Hinweis darauf, ob er es wirklich ist. Das Unternehmen erfährt viel über die großartigen Sprachkenntnisse, aber nichts darüber, in welcher Branche der Mann seine Qualifikation erworben hat, von der er glaubt, daß sie für einen Posten als Abteilungsleiter gerade gut genug ist.
Was ist aus solchen Beobachtungen, die man an fremden wie an eigenen Texten machen kann, zu folgern? Wie sollten wir vorgehen, um zu einem guten Ergebnis zu kommen? (Die folgenden Hauptgrundsätze gelten nicht nur für Anzeigentexte, sondern für Schriftstücke aller Art.)

1. Überlegen Sie genau, welches Ziel oder welche Ziele Sie verfolgen. Legen Sie Ihre Absichten klipp und klar fest!
2. Tragen Sie alle Tatsachen zusammen, die im Zusammenhang mit Ihrer Informationsabsicht notwendig oder förderlich sind!
3. Denken Sie an den Empfänger oder die Empfänger Ihrer Nachricht! Wie ist er, wie sind sie? In welcher Situation befindet sich der Partner, was erwartet er?
4. Legen Sie in Stichworten Ihre Aussagen und die Reihenfolge Ihrer Aussagen fest! Der Aufbau muß logisch, die Gedankenführung überzeugend sein.
5. Diktieren oder schreiben Sie nach diesen gründlichen Vorarbeiten den Text flüssig herunter! In dieser Phase nicht zuviel grübeln, sonst wird der Text schwunglos und wirkt nachher hölzern, langweilig.
6. Das, was zügig formuliert worden ist, bedarf einer abschließenden kritischen Durchsicht und Korrektur. Prüfen Sie, ob Text

und Informationsabsicht gut übereinstimmen, ob die Formulierungen angemessen sind, ob die Äußerlichkeiten in Ordnung sind, von der Grammatik über Rechtschreibung und Zeichensetzung bis hin zu den Normen für das Schreiben geschäftlicher Briefe (DIN 5008, Beuth Verlag, Berlin/Köln). Und wenn Sie mit allem zufrieden sind: Lesen Sie das Ganze noch einmal aufmerksam auf Tippfehler durch. Erfahrene Korrektoren wissen, wie leicht etwas übersehen wird. Und wenn es – wie zum Beispiel bei einer Anzeige – sowohl um Erfolg wie auch unmittelbar um Geld geht, lohnt es sich gewiß, besonders sorgfältig zu arbeiten.

Das Schreiben von Briefen und Anzeigen, wie Sie es in diesem Buch für viele Bereiche kennengelernt haben, ist sicherlich stets mit Denkarbeit und Mühe verbunden. Aber es kann auch lebensbereichernd sein und entscheidend dazu beitragen, daß wir unsere Chancen nutzen.

Bewerbungsbriefe

Für die Bewerbung gelten im Prinzip dieselben Regeln wie für die Stellenanzeige. Schreibt man jedoch auf eine Stellenanzeige, dann sind Bewerbungsbrief und Bewerbungsunterlagen das erste, was eine Firma von einem Bewerber sieht. Der Eindruck, den eine Bewerbung macht, ist ebenso entscheidend für die Einstellung des Bewerbers wie ein eigenes Inserat.[*]

Sie können fachlich noch so versiert sein, eine schludrige Bewerbung bleibt schon in der Vorauswahl hängen. Das gilt für die äußere Gestaltung ebenso wie für den Inhalt. Es sollte daher selbstverständlich sein, daß gerade ein so wichtiger Brief wie der Bewerbungsbrief sorgfältig geschrieben wird. Wenn er nicht auf Anhieb gelingt, schreiben Sie ihn noch einmal, so lange, bis Sie mit dem Resultat zufrieden sein können.

Oft verpacken die Unternehmen in eine Stellenanzeige Qualifikationsmerkmale. Sehen Sie sich deshalb ein Inserat genau an; gehen Sie auf die offenen oder versteckten Fragen im Brief ein. Schreiben Sie lieber: »Das von Ihnen geforderte Mindestalter habe ich noch nicht erreicht, glaube aber dennoch, die Aufgaben im Sinne des Unternehmens erfüllen zu können.; Ehrlichkeit wird stets positiv

---

[*] Interessierten empfehlen wir in diesem Zusammenhang die Bände »So bewirbt man sich« (ht 255) von W. Manekeller und »Sich bewerben und vorstellen« (ht 537) von Frank und Doris Brenner, Humboldt-Taschenbuchverlag, München.

bewertet. Mit dieser Formulierung machen Sie auf jeden Fall einen besseren Eindruck, als wenn Sie gar nicht auf diesen Punkt eingehen. Ihr »Nichteingehen« kann Ihnen als Schwäche oder mangelnde geistige Disziplin ausgelegt werden.

Entscheidende Aufschlüsse erhalten Personalfachleute aus dem Briefstil des Bewerbers. Ist er ausschweifend, von nichtssagenden Floskeln angefüllt oder durch Phrasen aufgebläht? Oder ist er flüssig, diszipliniert, verbindlich?

Wer einen Bewerbungsbrief nur in den üblichen Redensarten abfaßt, der wird am Arbeitsplatz auch nicht durch besonderen Ideenreichtum glänzen. So vermutet man.

Stark gefühlsbetonte Menschen neigen in ihren Briefen dazu, sich in der Schilderung unwesentlicher Einzelheiten zu verlieren und dabei den eigentlichen Sinn des Briefes zu vergessen. Menschen mit einem sachlichen Briefstil dagegen konzentrieren sich beim Schreiben auf das für den Leser Wissenswerte. Ein Bewerbungsbrief sollte beiden Seiten genügen. Das Sachbezogene muß im Mittelpunkt stehen, Persönliches darf aber einfließen.

Ein Bewerbungsbrief kann noch so gut abgefaßt sein: er ist fast wertlos, wenn nicht vollständige Bewerbungsunterlagen beiliegen. Denn erst im Zusammenhang »Brief – Bewerbungsunterlagen« vermag der Personalchef sich ein richtiges Bild zu verschaffen. Bei jeder Bewerbung deshalb bitte an folgende Unterlagen denken:

– Lebenslauf
– Kopien aller Zeugnisse seit dem Schulabgang
– Referenzen
– Arbeitsproben (wenn verlangt oder naheliegend)
– ein Foto (kein Automatenfoto, sondern eins vom Fotografen)

Viele Bewerbungen scheitern an »scheinbar belanglosen Äußerlichkeiten«. Firmenchefs und Personalleiter achten nun mal auf »Kleinigkeiten«; sie verbinden Äußerlichkeiten mit dem schriftlichen Angebot.

Beim Briefumschlag fängt es an. Ist er zu klein, sind die Bewerbungsunterlagen mehrfach geknickt. Glatte, ungeknickte Bewerbungsunterlagen machen einen besseren Eindruck. Am besten legt man die Unterlagen in einen Plastik-Aktendeckel und verschickt sie in einem DIN-A4-Umschlag.

Auch das Briefpapier kann die Stimmung des Lesers beeinflussen. Poppig-farbiges Papier ist ebensowenig angebracht wie echtes Büttenpapier. Beide Arten von Briefbogen drücken aus, daß die Schreiber auffallen wollen.

Bewerbung auf Empfehlung

> Sehr geehrter Herr Wimmer,
>
> vor einigen Tagen sprach mich Herr von Lange an. Er sagte mir, daß Sie für die Werbeabteilung Ihres Unternehmens einen fähigen Grafiker suchen, und empfahl mir, mich einmal mit Ihnen zu unterhalten.
> Ich habe eine 8semestrige Ausbildung als Gebrauchsgrafiker an der Folkwangschule in Essen 19.. mit dem Staatsexamen abgeschlossen und arbeite seitdem in einer großen deutschen Werbeagentur. Ich beherrsche alle Gebiete der Gebrauchsgrafik, kann sauber und schnell arbeiten und gelte bei Vorgesetzten und Kollegen als kreativ. Meine Stärke liegt auf dem Gebiet der Verpackungsgestaltung.
> Mehrere Arbeitsproben lege ich bei. Sicherlich ist Ihnen die eine oder andere Verpackung aus dem täglichen Leben bekannt.
> Bitte schreiben Sie mir, wenn Sie an meiner Bewerbung interessiert sind. Ich arbeite im Augenblick in ungekündigter Stellung und müßte eine 3monatige Kündigungsfrist einhalten, so daß ich frühestens am 01. 10. anfangen könnte.
>
> Mit freundlichem Gruß Anlagen:
> Hugo Thomé   Arbeitsproben
>   Lebenslauf mit Lichtbild
>   2 Zeugniskopien

Bewerbungen auf Anzeigen

Sekretärin und jüngere Kontoristin

Wir sind eine Baufirma als Tochtergesellschaft eines Großunternehmens der chemischen Industrie und suchen so schnell wie möglich eine

Sekretärin

für unsere Niederlassungsleitung in Köln-Mülheim. Englischkenntnisse in Wort und Schrift erwünscht.

Als enge und vertraute Mitarbeiterin des Niederlassungsleiters sollen Sie sich durch systematisches Arbeiten, Kontaktfreudigkeit, selbständiges Disponieren, gute Fertigkeit in allen Sekretariatsfunktionen sowie sichere und gewandte Umgangsformen auszeichnen.

Außerdem suchen wir eine

jüngere Stenokontoristin

für unsere Bauabteilung in Köln-Mülheim. Wenn möglich mit Führerschein Klasse 3.

Neben leistungsgerechter Vergütung bieten wir die sozialen Leistungen der Großindustrie (z. B. 13. Monatsgehalt, zusätzliches Urlaubsgeld, vermögenswirksame Arbeitgeberleistungen usw.).

Bewerbungen in schriftlicher Form mit den üblichen Unterlagen erbitten wir an:

Baugesellschaft Malsen GmbH
Herrn Schnyder
Postfach 8001 89, 5000 Köln 80
Telefon: 612027

Bewerbung der Sekretärin

>Baugesellschaft Malsen GmbH
>Herrn Schnyder
>Postfach 800169
>
>5000 Köln 80
>
>Anzeige »Sekretärin« im Kölner Stadt-Anzeiger vom 28. 08. ...
>
>Sehr geehrter Herr Schnyder,
>
>in Ihrem Stellenangebot suchen Sie eine Sekretärin mit sicheren Umgangsformen und Kontaktfreudigkeit, die mit allen Sekretariatsarbeiten vertraut ist und gute Englischkenntnisse hat.
>Diese Voraussetzungen erfülle ich. Meine Englischkenntnisse habe ich während eines 2jährigen Aufenthaltes in London erworben.
>Sonstige Fähigkeiten: Erfahrung im Umgang mit Buchungs- und Textautomaten. Ich schreibe etwa 350 Anschläge und stenografiere 150 Silben in der Minute. Auch mit dem Phonodiktat bin ich vertraut. In meiner jetzigen Firma schreibe ich Routinekorrespondenz nach Stichwortangabe.
>Zur Zeit arbeite ich in ungekündigter Stellung als Einzelsekretärin in einem Baustoffgroßhandel in Kassel. Ich möchte

mich nach Köln verändern, weil ich dort ein Haus geerbt habe, das ich selbst beziehen möchte. Meinen beruflichen Werdegang ersehen Sie im einzelnen aus den beigefügten Bewerbungsunterlagen.
Als Anfangsgehalt denke ich an . . . DM. Vom 03. 09. ... an halte ich mich für 14 Tage in Köln auf. Meine Anschrift dort ist Lindenthalgürtel 45.
Wann darf ich Sie zu einer persönlichen Vorstellung aufsuchen? Vielen Dank für Ihre Aufmerksamkeit.

Mit freundlichem Gruß   Anlage
Sigrid Römer

Bewerbung einer jüngeren Stenokontoristin (Anfangsstellung)

Baugesellschaft Malsen GmbH
Herrn Schnyder
Postfach 800169

5000 Köln 80

Ihre Anzeige »jüngere Stenokontoristin«
im Kölner Stadt-Anzeiger vom 28. 08. ...

Sehr geehrter Herr Schnyder,

aufgrund unseres Telefongesprächs sende ich Ihnen meine Bewerbungsunterlagen und bitte Sie, mich in Ihrem Unternehmen als Stenokontoristin einzustellen.
Auf der Schreibmaschine erreiche ich 250 Anschläge und in der Stenografie 180 Silben. Kenntnisse in Buchführung und Abrechnung habe ich mir auf der Handelsschule und in meiner zweijährigen Ausbildungszeit erworben. Das Abschlußzeugnis der Handelsschule und das Diplom der IHK Köln sind beigefügt.
Ich bin 20 Jahre alt und suche eine Anfangsstellung, in der ich meine Fähigkeiten anwenden und vertiefen kann. Ich könnte die Arbeit sofort beginnen.
Bitte geben Sie mir Gelegenheit, mich bei Ihnen vorzustellen.

Mit freundlichem Gruß
Dagmar Kraus

Schreibdienstleiterin

Für unsere bereits bestehende Abteilung »Schreibdienst AUSLAND« (Korrespondenz in Deutsch, Englisch, Französisch), die jetzt ausgebaut werden muß, suchen wir die

SCHREIBDIENSTLEITERIN

Es bietet sich Ihnen hier die einmalige Chance, ihre Erfahrung, Ihre Ideen, Anregungen und Wünsche so in die Planungsüberlegung einzubringen, daß Sie schon jetzt die Basis für den Erfolg Ihrer Abteilung, den Ihrer Mitarbeiterinnen und nicht zuletzt Ihren eigenen schaffen können.

Wir stellen Sie uns so vor:

30 bis 35 Jahre, abgeschlossene kaufmännische oder Sekretärinnenausbildung, mehrjährige erfolgreiche Tätigkeit im schreibtechnischen Sektor oder Sekretariat, mit Führungs- und Ausbildungserfahrung (das auch in bezug auf die Diktanten) in allen Sparten der modernen Textverarbeitung, der maschinellen Auslegung, der Organisationsmittel usw., gute Englisch- und/oder Französischkenntnisse, sicheres Auftreten.

In der Einarbeitungszeit können wir für Sie noch Fachseminare vorsehen.

Daher: Sollten die obigen Merkmale nicht alle hundertprozentig vorhanden sein, bitten wir Sie trotzdem um Ihre Bewerbung. Auch Damen, die bislang in einer derartigen Aufgabe sporadisch oder stellvertretend tätig waren, sollten uns schreiben.

Das Gehalt entspricht der Bedeutung, die einer schlagkräftigen Textverarbeitung zuzumessen ist. Bei der Wohnungsbeschaffung sind wir behilflich.

Alle Einzelheiten sollten einem ausführlichen, persönlichen Gespräch vorbehalten sein.

Unser Firmensitz: westliches Ruhrgebiet, Großstadt, verkehrsgünstig.

Wir freuen uns über Ihre ausführliche Bewerbung unter C S 4915 Frankfurter Allgemeine Zeitung, Postfach, 5000 Frankfurt.

Sperrvermerke werden berücksichtigt.

Frankfurter Allgemeine Zeitung
CS 4916
Postfach

6000 Frankfurt

Ihre Anzeige »Schreibdienstleiterin« vom 22. 03. ...

Sehr geehrte Damen und Herren,

Sie suchen eine Leiterin für Ihre Abteilung »Schreibdienst Ausland« mit englischen und französischen Sprachkenntnissen.
Zwar bin ich erst 28 Jahre alt, habe aber bestimmt die erforderliche Qualifikation für diese Position. Seit drei Jahren leite ich den Zentralen Schreibdienst mit 35 Mitarbeitern eines großen Industriebetriebs. Wir arbeiten mit einer Ferndiktatanlage und haben ein Mehrleistungs-Prämiensystem. Die durchschnittliche Leistung liegt bei 50000 bewerteten Anschlägen pro Tag.
Außer individuellen Diktaten werden bei uns Adressendiktate über Textautomaten verarbeitet. Wir haben in meinem Schreibdienst eine Gruppe von drei Automatentypistinnen, die insgesamt fünf Textautomaten bedienen. In diesem Zusammenhang ist es sicherlich interessant für Sie zu wissen, daß uns in den letzten Jahren nur drei Mitarbeiterinnen – zwei davon aus familiären Gründen – verlassen haben.
Die Briefe werden in Englisch, Französisch, Spanisch und Italienisch geschrieben. Diese Sprachen beherrsche ich in Wort und Schrift. Für Englisch und Französisch kann ich ein Sprachdiplom vorweisen.
Neben Fotokopien meiner Zeugnisse, einem Lebenslauf in Stichworten und einem Foto füge ich den Artikel »Organisation des Zentralen Schreibdienstes« bei, der in der Fachzeitschrift »Organisation« erschienen ist. Sie ersehen daraus, nach welchen Vorstellungen ich arbeite.
Ich suche eine neue Stellung, weil ich mich nach meiner Scheidung örtlich verändern möchte. Es würde mich freuen, wenn ich meine beruflichen Erfahrungen in Zukunft für Ihr Unternehmen einsetzen könnte.

Mit freundlichem Gruß Anlagen
Susanne Weber

Buchhaltungssachbearbeiter

Wir sind eines der größten deutschen Versicherungsunternehmen. Im Rahmen des weiteren Ausbaus der Hauptabteilung »Rechnungswesen« unserer Hauptverwaltung suchen wir einen

Buchhaltungssachbearbeiter

für die Bearbeitung der Geldeingänge und der Buchungsbelege im Inkasso für Filialdirektionen und für Rückversicherungsbuchhaltung mit Grundkenntnissen in Französisch und Englisch auf dem Aufgabensektor Rückversicherungs-Abrechnung/Bearbeitung.

Eine kaufmännische Berufsausbildung halten wir zur Erfüllung der gestellten Aufgaben für erforderlich. Berufserfahrung im Versicherungsgewerbe in vergleichbarer Funktion würden wir begrüßen.

Das Gehalt entspricht den gestellten Anforderungen; unsere Sozialleistungen sind vorbildlich. Wir haben die gleitende Arbeitszeit.

Sie sollten sich auch dann mit uns in Verbindung setzen, wenn Sie Ihren Urlaub bereits festgelegt haben.

Bei Interesse bitten wir um Ihre Bewerbung mit ausführlichen Unterlagen.

Gern stehen wir vorab zu Telefonauskünften zu ihrer Verfügung.

Rufen Sie uns an unter 0221/777722.
ZXY-Versicherung AG
Hauptverwaltung
Personalabteilung
Heimstr. 11
5000 Köln 1

ZXY-Versicherung AG
Hauptverwaltung
Personalabteilung
Heimstr. 11

5000 Köln 1

Ihre Anzeige in der »Welt« vom 26. 03. ..
Buchhaltungssachbearbeiter

Sehr geehrte Damen und Herren,

in 12jähriger kaufmännischer Tätigkeit habe ich mir gründliche Kenntnisse im Buchhaltungswesen erworben. Ich glaube deshalb, für die von Ihnen ausgeschriebene Stelle geeignet zu sein, obwohl ich bisher noch nicht im Versicherungsgewerbe gearbeitet habe. Ich bin bilanz- und abschlußsicher; meine bisherigen Tätigkeitsbereiche umfaßten Lohn-, Gehalts-, Prämienabrechnung, Belegskontierung nach weit gegliederten Kontenplänen, kurzfristige Betriebsrechnung, Erfolgsrechnung sowie Mahn- und Klagewesen. Mit Buchhaltungsmaschinen verschiedener Fabrikate bin ich vertraut.
Meine Sprachkenntnisse in Englisch und Französisch habe ich mir auf der Volkshochschule in Köln in Abendkursen erworben. Ich kann die Korrespondenz der Buchhaltungsabteilung selbständig führen.
Zur Zeit arbeite ich in ungekündigter Stellung in der Buchhaltung eines Automobilwerkes. Wegen meiner 3monatigen Kündigungsfrist könnte ich frühestens am 01. 07. .. eine neue Tätigkeit aufnehmen. Als Gehalt habe ich mir . . . DM vorgestellt.
Es würde mich freuen, wenn Sie meine Bewerbung berücksichtigten und ich mich bei Ihnen vorstellen dürfte.

Mit freundlichem Gruß	Anlagen:
Rolf Schröder	Lebenslauf
	Foto
	5 Zeugniskopien

Jüngerer Mitarbeiter für den Export-Innendienst

> Im Rahmen des weiteren Ausbaus unserer Exportaktivitäten suchen wir einen jüngeren Mitarbeiter für den
>
> **EXPORT-INNENDIENST,**
>
> der auf Grund mehrjähriger Erfahrung die selbständige Bearbeitung aller Exportaufgben für den französischen Sprachraum übernimmt.
>
> Neben erstklassigen französischen Sprachkenntnissen wünschen wir uns, daß unser neuer Mitarbeiter wenigstens eine weitere Sprache sicher beherrscht.
>
> Bitte bewerben Sie sich mit den üblichen Unterlagen. Für telefonische Rückfragen steht Ihnen Herr Geldmacher zur Verfügung.
>
> STREU & MANN GmbH & Co KG, Waldstr. 29–37, 4900 Herford, Eisenwerk

Streu & Mann GmbH & Co KG
Personalabteilung
Waldstr. 29–37

4900 Herford

Anzeige »Export-Innendienst« im »Express« vom 23. 04. ..

Sehr geehrte Damen und Herren,

Ihren Ansprüchen kann ich gerecht werden. Ich beherrsche die französische Sprache in Wort und Schrift (meine Mutter ist Französin), und in der englischen Sprache habe ich gute Schulkenntnisse.

Ergänzend zu den beigefügten Unterlagen wird es Sie interessieren, daß ich durch meine 6jährige Tätigkeit in der Walberberg-Industrie Export GmbH, Hameln, gute Erfahrungen im Exportgeschäft gesammelt habe. Ich habe gründliche Kenntnisse auf dem Gebiet der Marktforschung, Absatzanbahnung und Verkaufsplanung. Zoll- und Devisenvorschriften sind mir vertraut. Zur Zeit bin ich ohne Arbeitsstelle, weil mein letzter Arbeitgeber (Walberberg GmbH) liquidiert hat. Für eine wohlwollende Prüfung meiner Bewerbung wäre ich deshalb besonders dankbar.

Mit freundlichem Gruß	Anlagen:	3 Zeugnisse
Ansgar Krug	Lebenslauf	Lichtbild

Grafik-Designer

> Wir sind ein international bekanntes Vertriebsunternehmen für Süßwaren und Spirituosen. Mit ca. 800 Mio. Jahresumsatz sind wir das größte unserer Branche in Europa. Bei 360 eigenen Marken gibt es viel zu tun. Deshalb suchen wir zum Ausbau unseres Produktmanagements einen
>
> **GRAFIK-DESIGNER**
>
> zum 01. 07. 19.. oder früher.
>
> * Er soll ein sicherer Profi sein, mit Schwerpunkt im Packungs-Design.
>
> * Er soll selbständig arbeiten können und auch keine Angst vor Verantwortung haben.
>
> * Er soll konzeptionell denken können und seine Aufgabe darin sehen, im Rahmen unserer Marketing-Konzeption Marktziele zu erreichen.
>
> * Er soll mit allen Aufgaben eines professionellen Art-Direktors vertraut sein und sichere Beurteilung für den gesamten Produktionsbereich besitzen.
>
> * Er soll Teamgeist ebenso zu schätzen wissen wie persönliches Engagement.
>
> Mit unseren Leistungen können wir uns sehen lassen. Deshalb rufen Sie Herrn Küpper an, oder schreiben Sie uns.
>
> Süßwaren-Zentrale, Elisabethstr. 2, 3200 Hildesheim

Süßwaren-Zentrale
Elisabethstr. 2

3200 Hildesheim

Ihre Anzeige in der WAZ vom 13. 05. ..
Bewerbung als Grafik-Designer

Sehr geehrte Damen und Herren,

ich bewerbe mich um die Stellung eines Grafik-Designers in Ihrem Haus. Nach dem Abschluß der Höheren Handelsschule habe ich eine 8semestrige Ausbildung an der Werkschule in Berlin mit dem Staatsexamen abgeschlossen. Anschließend trat ich in die Werbeabteilung eines Arzneimittelkonzerns ein, wo ich noch heute in ungekündigter Stellung tätig bin.

Meine Arbeit besteht in der gedanklichen Planung und Gestaltung von Packungsentwürfen für neue Arzneimittel, im Prüfen und Überarbeiten von Entwürfen freier Mitarbeiter und in der Überwachung dieser Arbeiten im Druck. Ich lege Ihnen mehrere Arbeitsproben bei.

Meine jetzige Stellung bietet mir nicht genügend Möglichkeiten zur Entfaltung meiner Fähigkeiten. Deshalb möchte ich mich verändern. Ein Anfangsgehalt von ... DM halte ich für angemessen.

Bitte benachrichtigen Sie mich telefonisch, wann ich mich vorstellen darf, damit Sie einen persönlichen Eindruck von mir erhalten.

Mit freundlichem Gruß Robert Keller	Anlagen: Lebenslauf mit Foto 8 Zeugnisabschriften 5 Arbeitsproben

Examinierte Krankenschwester

Zum nächstmöglichen Termin suchen wir eine

Examinierte Krankenschwester

für die innere Station.

Bewerbungen erbeten an die Oberin des Hauses.

St.-Marien-Krankenhaus, Goethestr. 23, 1000 Berlin 2

St.-Marien-Krankenhaus
Schwester Oberin
Goethestr. 23

1000 Berlin 2

Ihr Stellenangebot vom 21. 05. .. in der Berliner Morgenpost

Mutter Oberin,

ich bitte Sie, mich als Krankenschwester bei Ihnen einzustellen. Nach Abschluß meiner Lehre habe ich von 19.. bis 19..

auf der chirurgischen Station der Universitätskliniken in Bochum gearbeitet. Neben der allgemeinen Krankenpflege hatte ich Injektionen, Infusionen, Dauertropfinfusionen, Abstriche und Einläufe vorzunehmen. Ich habe Verbände angelegt, die Krankenblätter geführt und die medikamentöse Behandlung der Patienten überwacht. Ich kann auch eine Diätküche führen.

Die medizinischen Fachausdrücke sind mir größtenteils geläufig. Da ich etwa 200 Anschläge auf der Maschine schreibe, könnte ich auch als ärztliche Korrespondentin eingesetzt werden.

19.. habe ich meinen Beruf aufgegeben, weil ich heiratete und mit meinem Mann nach Berlin gezogen bin. Vor einem halben Jahr ist mein Mann nach langer Krankheit gestorben. Nachdem ich diesen Verlust überwunden habe, möchte ich mich jetzt wieder der Krankenpflege widmen.

Ich könnte sofort beginnen und bitte Sie, mich vorstellen zu dürfen.

Mit freundlichen Grüßen Anna Schorn	Anlagen: Lebenslauf Lichtbild 3 Zeugnisse

Schreiben auf Anfrage des Unternehmens

Herrn Steffen Handschuh
X-Ray GmbH
Hauptverwaltung
Emanuel-Str. 20

2000 Hamburg

Ihr Schreiben vom 25. 11. .., VMP/SH/ad

Sehr geehrter Herr Handschuh,

an einer Tätigkeit in Ihrem Organisationsbereich »Textverarbeitung« bin ich grundsätzlich interessiert. Über Einzelheiten sollten wir uns, wie Sie vorschlagen, im kleinen Kreis unterhalten. Telefonisch bin ich zu erreichen unter der Nummer 0221/205252. Bitte rufen Sie mich an, damit wir einen Termin vereinbaren können.

Hier noch einige Daten über meinen bisherigen Werdegang:

19..	Schulabschluß, Abitur
19.. – 19..	Wehrdienst
19.. – 19..	EDV-Ausbildung
19.. – heute	Textverarbeitung (Seit 19.. bei Walter & Co., seit Mai 19.. Leiter der Abteilung »Zentrale Textverarbeitung«)

Es würde mich freuen, Sie kennenzulernen.

Mit freundlichen Grüßen

Der Lebenslauf

». . . werden gebeten, unter Beifügung eines handgeschriebenen Lebenslaufes . . .« klingt wie eine Formulierung aus der frühindustriellen Zeit. Tatsächlich legen aber heute noch die meisten Firmen großen Wert auf einen handgeschriebenen Lebenslauf. Es hat gar keinen Zweck, sich dem eventuellen späteren Arbeitgeber zu widersetzen, denn schließlich will man ja die Stelle haben.

Ganz sicher ist es nicht der Sinn des handgeschriebenen Lebenslaufes, sein Leben lückenlos darzustellen. Sozusagen als Memoiren in Kurzform. Er ist eine Schriftprobe, die manchmal einem Graphologen zur Beurteilung der charakterlichen Eigenschaften und der Fähigkeiten vorgelegt wird. Darüber hinaus zeigt der Bewerber mit dem Inhalt, wie gut er »Wesentliches« vom Unwesentlichen trennen kann.

Also sollte der handgeschriebene Lebenslauf nicht länger sein als eine normale DIN-A4-Seite. Es empfiehlt sich, neutrales weißes Papier zu benutzen, ohne jeden Aufdruck. Geschrieben wird natürlich mit Federhalter.

»Ich wurde am 20. August 19.. als Sohn des Oberlandesgerichtsdirektors Heinrich Anton Schmitz und seiner Ehefrau Erna, geb. Müller, in Köln am Rhein geboren.«

So, oder so ähnlich müßte nun der Einleitungssatz aussehen. Müßte er wirklich? Aus der Tatsache, daß der Bewerber Walter, Markus oder Christian heißt, ist unschwer zu erkennen, daß er als »Sohn« und nicht als Tochter geboren worden ist. Der Beruf (und der Name) des Vaters kann nur interessant sein, wenn man daraus besondere Fähigkeiten des Bewerbers glaubt ableiten zu können. Aber das ist doch recht selten der Fall. Bleibt die Mutter – und da meine ich, daß es mit dem Teufel zugegangen sein müßte, wenn bei der Geburt keine Mutter beteiligt gewesen wäre. Wer darüber hinaus nicht weiß, daß Köln am Rhein liegt, der sollte einmal im Atlas nachsehen.

«Ich bin am 20. August 19.. in Köln geboren.«

Von der Schulzeit ist lediglich der Abschluß interessant, und auch der braucht nur in einem Nebensatz oder einer Umstandsbestimmung erwähnt zu werden. Als Hauptsatz dazu bietet sich die Berufsausbildung an. Etwa so:

»Nach dem Abitur nahm ich ein Volontariat bei der Deutschen Welle an und wurde nach zwei Jahren Redakteur der Nachrichtenredaktion.«

Es folgt nun eine kurze Beschreibung des weiteren Berufsweges. Als Ergänzung dieses Abrisses sollte in zwei oder drei Sätzen erwähnt werden, ob man verheiratet ist und Kinder hat. Junggesellen dürfen diesen Punkt getrost übergehen.
Wie ein handgeschriebener Lebenslauf aussehen könnte, zeigt das folgende Beispiel:

Handgeschriebener Lebenslauf

Ich wurde am 20. August 19.. in Köln geboren. Nach dem Abitur nahm ich ein Volontariat bei der Deutschen Welle an und wurde nach zwei Jahren Redakteur der Nachrichtenredaktion. Später gab ich meine Festanstellung auf, um Musik und Sport studieren zu können, blieb aber als freier Mitarbeiter bei der Deutschen Welle.
Mein weiterer Berufsweg:
Angestellter Redakteur in der Unterhaltungsabteilung des Westdeutschen Rundfunks, stellvertretender Chefredakteur der Kölner Nachrichten. Ich bin verheiratet und habe fünf Kinder.

Christian Schmitz

In Anzeigentexten wird oft eine »lückenlose Angabe der bisherigen Tätigkeiten in chronologischer Folge« verlangt. Dafür eignet sich ein »Lebenslauf in Stichworten«, der das Wesentliche des bisherigen Werdegangs des Bewerbers wiedergibt.

Entscheidend ist die Übersichtlichkeit. Der Leser soll in der Lage sein, schnell alle ihn interessierenden Angaben zu finden. Beispiel:

Tabellarischer, mit der Schreibmaschine geschriebener Lebenslauf

Name	Christian Schmitz
Geburtstag/ Geburtsort	20. August 19.., Köln
Familienstand	verheiratet seit 19.., 5 Kinder
Schulausbildung	4 Jahre Volksschule
	9 Jahre Gymnasium, Abitur
Berufsausbildung	19.. zweijähriges Volontariat bei der Deutschen Welle
	19.. Redakteur der Nachrichtenabteilung
	19.. Studium Sport und Musik an der Universität Köln, gleichzeitig freier Mitarbeiter der Nachrichtenabteilung der Deutschen Welle
	19.. Redakteur beim Westdeutschen Rundfunk, Unterhaltungsabteilung
	19.. stellvertretender Chefredakteur der Kölner Nachrichten

Berufserfahrung
Gründliche Kenntnisse im Nachrichtenwesen bei Rundfunk und Presse.
Mein besonderes Interesse gilt dem Sportjournalismus; ich habe zwei Bücher über Sport veröffentlicht.

Sprachkenntnisse
Englisch

Köln, 14. April 19..

Sonstige Schreiben aus beruflichem Anlaß

Abrechnung von Reisekosten für Bewerbung

Christof Schmieder, Lenbachplatz 17, 8000 München
Telefon 089/8291382

Baustoff GmbH & Co KG
Personalabteilung
Herrn Masch
Wallburgstr. 3

2000 Hamburg   23. 08. ..

Abrechnung

Sehr geehrter Herr Masch,

auf Einladung von Herrn Peter bin ich am 20. 08. .. nach Dortmund gefahren, um in Ihrer Zweigstelle einige Fachfragen zu klären. Bitte erstatten Sie mir die Reisekosten gemäß folgender Aufstellung:

Beleg-Nr.	Art	Betrag
1	Taxi: Wohnung – Flughafen München	...,.. DM
2	Flug: München – Düsseldorf – München	...,.. DM
3	Bus: Düsseldorf/Flughafen – D'dorf Hbf	...,.. DM
4	DB: Düsseldorf – Dortmund – Düsseldorf	...,.. DM
5	Taxi: Dortmund Hbf – Baustoff GmbH	...,.. DM
6	Taxi: Baustoff GmbH – Dortmund Hbf	...,.. DM
7	Bus: Düsseldorf Hbf – D'dorf/Flughafen	...,.. DM
8	Taxi: München Flughafen – Wohnung	...,.. DM
		...,.. DM

Herr Peter und ich haben vereinbart, daß wir uns am 30. 09. .. in München mit Herrn Gast treffen, um die letzten Fragen zu klären. Erst nach diesem Gespräch werde ich entscheiden können, ob ich ab 01. 01. .. für die Baustoff GmbH & Co KG arbeite.

Mit freundlichem Gruß   Anlage

Bankverbindung: ...

Und noch eine Abrechnung

    Olden & Müller GmbH
    Herrn Korte
    Emanuel-Leutze-Str. 20

    4000 Düsseldorf

    Unser Gespräch vom 30. 08. ...   01. 09. ...

    Sehr geehrter Herr Korte,

    vielen Dank für die freundliche Aufnahme in Düsseldorf. Wie verabredet, sende ich Ihnen meine Kostenaufstellung.

1. Taxi: Brauweiler – Köln Hbf	...,.. DM
2. Rückfahrkarte: Köln – Düsseldorf	...,.. DM
3. Taxi: Düsseldorf Hbf – Olden & Müller	...,.. DM
4. Taxi: Olden & Müller – Düsseldorf Hbf	...,.. DM
5. Taxi: Köln Hbf – Brauweiler	...,.. DM
	...,.. DM

    Bitte überweisen Sie den Gesamtbetrag auf das Konto Nummer ..., PSA Köln. Vielen Dank.

    Mit freundlichem Gruß

Annahme nach Bedenkzeit

    Bewerbung
    Unser Gespräch vom 26. 02. ...

    Sehr geehrter Herr Schmitz,

    zunächst möchte ich mich für die zwei Wochen Bedenkzeit bedanken. Daran, daß ich Ihnen schon heute schreibe, können Sie erkennen, daß mich Ihre Argumente überzeugt haben. Ich freue mich auf die Zusammenarbeit mit meinen neuen Kollegen. Den unterschriebenen Arbeitsvertrag füge ich bei.

    Mit freundlichen Grüßen

Absage nach Bedenkzeit

Sehr geehrter Herr Schmitz,

ich habe mir die Sache nun von allen Seiten überlegt. Die Argumente gegen meine Mitarbeit in Ihrem Hause sind aber doch stärker als die, die dafür sprechen. Bitte verstehen Sie deshalb, daß ich Ihr Angebot nicht annehmen möchte.

Mit freundlichem Gruß
Hans-Peter Brings

Absage nach Vorstellungsgespräch

Bewerbung
Unser Gespräch vom 26. 02. ..

Sehr geehrter Herr Schmitz,

vielen Dank für die freundliche Aufnahme und das sehr umfassende Gespräch.
Meine berufliche Zukunft habe ich mir jedoch anders vorgestellt. Bitte verstehen Sie, daß ich deshalb nicht mit Ihrem Haus zusammenarbeiten möchte.

Mit freundlichem Gruß
Hans-Peter Brings

Ablehnung, aber gleichzeitig Türchen offenlassen für später

Bewerbung
Unser Gespräch vom 26. 02. ..

Sehr geehrter Herr Schmitz,

vielen Dank für die freundliche Aufnahme in Ihrem Haus und das sehr umfassende Gespräch. Bitte verstehen Sie aber, daß ich als gelernter Einkäufer die Stelle in der Werbeabteilung nicht annehmen möchte. Wie Sie mir versicherten, soll in der nächsten Zeit eine neue Stelle im Einkauf geschaffen werden. An dieser Position wäre ich sehr interessiert. Würden Sie sich, wenn es soweit ist, noch einmal mit mir in Verbindung setzen? Ich wäre Ihnen sehr dankbar.

Mit freundlichem Gruß
Hans-Peter Brings

Arbeitsvertrag unterschrieben zurück

> Baustoff GmbH & Co KG
> Personalabteilung
> Herrn Masch
> Wallburgstr. 3
>
> 2000 Hamburg
>
> Sehr geehrter Herr Masch,
>
> für Ihre Einstellungsbestätigung bedanke ich mich sehr herzlich. Ich hoffe, Ihre Erwartungen erfüllen zu können. Hiermit sende ich den Durchschlag des Arbeitsvertrages unterschrieben zurück.
>
> Mit freundlichem Gruß
> Hans-Peter Brings

Kündigung

> Bernd Hauser   Nelkenweg 19
>   6000 Frankfurt 21
>
> Einschreiben
>
> MABAU AG
> Personalabteilung
> Postfach 210860
>
> 6000 Frankfurt   10. 02. ...
>
> Sehr geehrte Damen und Herren,
>
> ich kündige meinen Arbeitsvertrag zum 31. 03. ...
>
> Hochachtungsvoll

Klage wegen Kündigung

Das Berufsleben ist dynamisch. Auf und Ab sind normale Vorgänge in einer freien Wirtschaft. Dazu gehören auch Kündigungen. Aber wen's trifft ... Nicht immer wird der einzelne die Berechtigung einer Kündigung einsehen, und hier stellt sich die Frage: Kann man sich schützen? Ja, durch eine Rechtschutzversicherung!

Versicherungs-Nr. . . .
Klage wegen Kündigung

Sehr geehrte Damen und Herren,

mein Arbeitgeber hat mir gekündigt. Als Gründe wurden Rationalisierungsmaßnahmen angegeben. Ich bin mit der Kündigung nicht einverstanden und möchte beim Arbeitsgericht Klage erheben.
Bitte nennen Sie mir deshalb einen Anwalt, der bereits Prozesse vor Arbeitsgerichten geführt hat.

Mit freundlichem Gruß

Aufheben des Arbeitsvertrages nach Abfindungsvereinbarung

Eine Besonderheit bei der Briefgestaltung in den beiden folgenden Beispielen: das Datum steht am linken Briefrand über der Anschrift, der Absender rechts daneben.

30.08...   Werner Müller
                                                         Kaufmannstr. 6
                                                         5200 Siegburg

Einschreiben

RVG GmbH
Personalabteilung
Postfach

8000 München

Vereinbarung vom 23.08..., Abschnitt 3

Sehr geehrte Damen und Herren,

bitte heben Sie mein Dienstverhältnis zum 31.08... auf. Gleichzeitig erkläre ich meinen Austritt aus der Versorgungskasse der RVG GmbH, VVaG.
Die Betriebsordnung und eine Codekarte für das Firmen-Parkhaus gebe ich hiermit zurück.
Bitte überweisen Sie die vereinbarte Abfindung und meinen Anteil an der Versorgungskasse auf das Konto Nr. . . . bei der GG-Bank AG, München, BLZ ...

Mit freundlichen Grüßen
Werner Müller

Einspruch gegen Auszahlung der Abfindung

14.09...   Werner Müller
                                                                                    Kaufmannstr. 6
                                                                                    5200 Siegburg

RVG GmbH & Co KG
Personalabteilung
Herrn Ottomann
Postfach

8000 München

Vereinbarung vom 25. 07. .., a–dr
Meine Kündigung zum 31. 08. ..

Sehr geehrter Herr Ottomann,

mit dem Auszahlungsbetrag der Abfindung (...,.. DM) bin ich nicht einverstanden. Meine Berechnungen sehen wie folgt aus:

Austritt: 31. 08. ..

Vereinbarter Abfindungsbetrag	..,.. DM
+ Dezember	..,.. DM
+ November	...,.. DM
+ Weihnachtsgeld	...,.. DM
+ Zusatzleistung November	...,.. DM
+ Oktober	...,.. DM
+ September	...,.. DM
+ Zusatzleistung September	...,.. DM
Insgesamt (lt. Vereinbarung netto)	...,.. DM

Bei unseren Besprechungen war immer von diesen Beträgen die Rede, und die Vereinbarung läßt auch keine andere Auslegung zu.
Bitte korrigieren Sie die Auszahlung.

Mit freundlichen Grüßen
Werner Müller

Sonstige private Briefe

Bitten und Anfragen

Bitte um Wohnungsvermittlung

Lieber Herr Gast,

unser Mietvertrag wird zum 31. 10. .. auslaufen, und unser Vermieter hat uns bereits jetzt eine Mieterhöhung angekündigt, die wir unter keinen Umständen akzeptieren wollen. Die Konsequenz: Wir müssen uns eine neue Wohnung suchen.
Können Sie uns bei der Suche helfen? Uns schwebt eine 4-Zimmer-Wohnung oder ein kleines Einfamilienhaus vor zwischen Köln und Bonn. Kostenpunkt: Etwa 1300 DM im Monat.
Kennen Sie jemanden, der ein Objekt in dieser Lage und in dieser Größenordnung vermietet oder, wenn es sich um ein Haus handelt, auf Basis eines Mietkaufvertrages anbietet? Wie gesagt: Einzugstermin ist der 01.11....
Unabhängig von Ihren Bemühungen werden wir die Anzeigenteile der Regionalpresse lesen. Sollten wir etwas darin finden, werden wir uns sofort melden. Für Ihre Bemühung danken wir Ihnen schon jetzt.

Mit freundlichem Gruß
Dieter Schöneseiffen

Bitte um Darlehen

Sehr geehrter Herr Lehmann,

es ist immer schwer, einen Bekannten um etwas zu bitten. Aber ich weiß jetzt wirklich nicht mehr, an wen ich mich noch wenden sollte.
Durch die Krankheit meiner Tochter Angelika und meine Scheidung bin ich unerwartet in große finanzielle Schwierigkeiten geraten. Nun hat mir zu allem Unglück auch mein Arbeitgeber angekündigt, daß er in Kürze Personal entlassen müsse, um seine Firma zu sanieren. Ich bin leider unter den Betroffenen.

Alle diese Umstände führten dazu, daß mir meine Hausbank einen Kredit über 5000 DM gekündigt hat, weil ich mit den Raten in Rückstand geraten bin. Zwar hat man mir versichert, daß ich in den vergangenen Jahren stets zuverlässig meinen Verpflichtungen nachgekommen bin, aber, wie gesagt, die Umstände ließen keine andere Entscheidung zu.

Nun, sehr geehrter Herr Lehmann, meine Bitte an Sie: Können Sie mir für unbestimmte Zeit die 5000 DM vorstrecken? Sie sollen das nicht ohne Verzinsung und ohne Sicherheit tun. Ich habe, das wissen Sie, eine umfangreiche Münzsammlung, die weit mehr als 5000 DM wert ist. Diese Sammlung biete ich Ihnen als Sicherheit an. Ich könnte sie auch verkaufen, aber Sie verstehen sicherlich, wie sehr man an den Stücken hängen kann. Als Verzinsung hatte ich an 7% auf die Restsumme gedacht. Wären Sie damit einverstanden? Zurückzahlen würde ich Ihr Darlehen nach und nach über etwa drei Jahre, je nachdem, wie ich wieder Arbeit finde. Eine feste Zusage kann ich Ihnen aber nicht machen.

Können Sie mir helfen, bitte?

Mit freundlichem Gruß
Walter Schmidt

Absage – Darlehen

Sehr geehrter Herr Schmidt,

natürlich würde ich einem Freund in der Not gern helfen. Aber die von Ihnen genannte Summe von 5000 DM übersteigt meine Möglichkeiten im Augenblick erheblich. Sie wissen, daß ich gerade gebaut habe und deshalb wirklich jeden Pfennig für mich selbst brauche.

Vielleicht nützt Ihnen ein Tip: Es gibt doch Pfandkreditanstalten. Wenn Sie Ihre Sammlung dort als Pfand hinterlegen, müßte es doch möglich sein, die 5000 DM kurzfristig zu erhalten. Oder bieten Sie die Sammlung Ihrer Bank als Sicherheit an.

Wie auch immer Sie sich entscheiden: ich wünsche Ihnen, daß Sie die augenblicklichen Schwierigkeiten überwinden. Viel Glück.

Mit freundlichem Gruß

Zusage – Darlehen

Sehr geehrter Herr Schmidt,

natürlich werde ich einen Freund in der Not nicht vergessen. Deshalb lege ich diesem Brief einen Verrechnungsscheck über 5000 DM bei. Die Münzsammlung akzeptiere ich als Sicherheit, und mit Ihrem Zinsvorschlag bin ich ebenfalls einverstanden.
Mit der Rückzahlung des Darlehens können Sie sich ruhig Zeit lassen. Sorgen Sie erst einmal dafür, daß Ihre Tochter gesund wird und Sie eine gute neue Arbeitsstelle finden. Ich wünsche Ihnen dazu viel Glück.

Mit freundlichem Gruß Johannes Lehmann

Dankbrief für Verrechnungsscheck

Sehr geehrter Herr Lehmann,

haben Sie ganz herzlichen Dank für den Verrechnungsscheck. Er kam wirklich zur rechten Zeit. Ohne den finanziellen Druck wird es mir sicherlich leichter fallen, eine neue Arbeitsstelle zu finden. Auf jeden Fall werde ich mich bemühen, meinen Verpflichtungen Ihnen gegenüber nachzukommen. Nochmals vielen Dank.
Einen Schuldschein über 5000 DM habe ich beigefügt.

Ihr Walter Schmidt

Schuldanerkenntnis

Walter Schmidt quittiert die 5000 DM und verspricht, sie zurückzuzahlen. Eine solche Quittung nennt man Schuldanerkenntnis.

Ich erkenne an, Herrn Johannes Lehmann, Lennistraße 17, 5300 Bonn

5000 DM (fünftausend Deutsche Mark),

in nicht festgelegten Raten innerhalb der nächsten vier Jahre zu schulden, rückzahlbar.

5210 Troisdorf, Widderstraße 35
16. 03. ..
Walter Schmidt

Die beiden können ebenso einen Darlehensvertrag über 5000 DM schließen. Das kann auch mündlich geschehen. Für eventuelle spätere Streitigkeiten ist es aber besser, wenn der Gläubiger vom Schuldner eine unterzeichnete Schuldurkunde bekommt. Ein Darlehensvertrag sollte folgende Bestandteile enthalten:

1. Name und Anschrift von Gläubiger und Schuldner
2. die Höhe des Darlehens
3. die Höhe und die Fälligkeit der Zinsen
4. die Rückzahlungsvereinbarung

Ist das Darlehen materiell gesichert, sollte das auch in den Darlehensvertrag aufgenommen werden.

Darlehensvertrag

Herr Johannes Lehmann, Lennistraße 17, 5300 Bonn,
hat Herrn Walter Schmidt,
Widderstraße 35, 5210 Troisdorf,
ein Darlehen von

5000 DM (fünftausend Deutsche Mark)

gewährt. Herr Walter Schmidt bestätigt den Empfang dieses Betrages. Das Darlehen ist mit monatlich 0,75% Zinsen, beginnend am Tag des Darlehensvertrages, zu verzinsen.
Das Darlehen wird mit monatlich 100 DM zurückgezahlt. Die Zinsen werden jeweils vom Restbetrag gerechnet und der Gesamtsumme zugeschlagen. Für den Fall, daß der Schuldner seinen Rückzahlungsverpflichtungen nicht nachkommt, kann der Gläubiger frühestens nach vier Jahren die Rückzahlung einklagen.
Zur Sicherung der Darlehensschuld verpfändet der Schuldner dem Gläubiger eine Münzsammlung im Wert von etwa 8000 DM. Der Schuldner verpflichtet sich, diese Münzsammlung in einem Bankschließfach zu hinterlegen und sie dort unangetastet zu lassen.

Bonn, 16. 03. ..
Johannes Lehmann   Walter Schmidt
Gläubiger   Schuldner

Zusage, wenn Wechsel angenommen wird

Sehr geehrter Herr Schmidt,

ich bin gern bereit, Ihnen die gewünschten 5000 DM zu geben. Allerdings bitte ich Sie, insgesamt fünf Wechsel zu je 1000 DM, einzulösen bei Sicht, anzunehmen. Sie können dann Ihre Münzsammlung behalten. Vorbereitete Formulare habe ich beigefügt. Wenn Sie einverstanden sind, senden Sie die Wechsel unterschrieben zurück.
Für Ihre Zukunft wünsche ich Ihnen alles Gute.

Mit freundlichem Gruß
Johannes Lehmann

Rücksendung – Wechsel

Einschreiben:

Sehr geehrter Herr Lehmann,

hiermit erhalten Sie die von mir unterschriebenen Wechsel zurück. Bitte bestätigen Sie den Empfang.
Für die Soforthilfe danke ich Ihnen herzlich. Inzwischen habe ich einen neuen Arbeitsvertrag unterschrieben, und auch meiner Tochter geht es erheblich besser. Ich kann also wieder hoffnungsvoller in die Zukunft sehen.

Mit freundlichem Gruß
Walter Schmidt

Ablehnung – Wechsel

Sehr geehrter Herr Lehmann,

vielen Dank für Ihr Angebot, aber haben Sie bitte Verständnis dafür, daß ich in der derzeitigen Situation nicht auch noch ein Wechselgeschäft eingehen möchte. Ich hoffe, ich werde das benötigte Geld anderswo auftreiben. Im Zweifelsfall muß ich eben einige Stücke aus meiner Sammlung verkaufen. Die von mir nicht unterschriebenen Wechsel schicke ich hiermit zurück.

Mit freundlichem Gruß
Walter Schmidt

Vier Jahre vergehen, Walter Schmidt hat sich finanziell saniert und schickt Herrn Lehmann die letzte Rate, einen Verrechnungsscheck über 100 DM. Er hätte den Betrag auch überweisen können, hält es aber für erforderlich, seinem Helfer noch einmal zu danken.

Rückzahlung – Darlehen (letzte Rate)

> Sehr geehrter Herr Lehmann,
>
> nun ist es also soweit: Mit diesem Brief schicke ich Ihnen die letzte Rate meiner Schulden – einen Verrechnungsscheck über 100 DM.
> Noch einmal danke ich Ihnen für Ihre Großzügigkeit, mit der Sie mir damals aus den Schwierigkeiten geholfen haben, in die ich ohne mein Zutun geraten war. Diese Zeit erscheint mir heute wie ein böser Traum.
> Eine letzte Bitte noch: Senden Sie mir den Schuldschein zurück. Ich sage das nicht aus Mißtrauen, vielmehr möchte ich, daß alles seine Richtigkeit hat.
>
> Mit freundlichem Gruß
> Walter Schmidt

Antwort auf Rückzahlungsbrief

Und Herr Lehmann antwortet:

> Sehr geehrter Herr Schmidt,
>
> vielen Dank für Ihren Brief und den Verrechnungsscheck. Ich freue mich für Sie, daß Sie nun diese saure Zeit hinter sich gebracht haben. Ich habe Ihnen das Geld damals gern gegeben, weil ich einen Partner und Freund nicht im Stich lassen wollte. Zu keiner Zeit habe ich gezweifelt, daß Sie die Situation meistern werden.
> Gestern habe ich Ihre Tochter auf der Straße getroffen. Das Mädchen ist ja eine richtige Dame geworden. Mein Kompliment. Ich bin sicher, sie weiß, welche Schwierigkeiten ihr Vater für sie auf sich genommen hat, und sie ist dankbar dafür.
> Darf ich Sie – und Ihre Tochter natürlich – zu einem Abendessen einladen? Ohne ein wenig Fachsimpelei über Münzen

wird es sicherlich nicht abgehen. Aber Sie haben jetzt ja wieder Zeit für unser gemeinsames Hobby. Ist es Ihnen Freitagabend recht?

Mit freundlichem Gruß
Johannes Lehmann

Ankündigung der Forderungsabtretung

Forderungen können vom Gläubiger an einen Dritten abgetreten werden. Der Schuldner muß sofort davon in Kenntnis gesetzt werden.

Johannes Lehmann	Lennistraße 17
	5300 Bonn

Herrn Walter Schmidt   29. 07. ...
Widderstraße 35

5210 Troisdorf

Forderungsabtretung

Sehr geehrter Herr Schmidt,

gemäß Ihrem schriftlichen Schuldanerkenntnis vom 16. 03. ... schulden Sie mir noch einen Restbetrag von 3200 DM zuzüglich 584,25 DM Zinsen. Die Gesamtforderung von 3784,25 DM habe ich heute an Frau Marlene Menke, Hugenottenweg 22, 7000 Stuttgart, abgetreten.
Bitte zahlen Sie ab sofort die vereinbarte monatliche Rate von 100 DM an die neue Gläubigerin. Sie wird sich in den nächsten Tagen mit Ihnen in Verbindung setzen.

Mit freundlichem Gruß
Johannes Lehmann

Forderungsabtretung

Eine Forderungsabtretung sollte, genau wie ein Schuldanerkenntnis, schriftlich festgelegt werden.

Forderungsabtretung

Gemäß Schuldanerkenntnis vom 16. 03. .. schuldet mir Herr Walter Schmidt, Widderstraße 35, 5210 Troisdorf, 5000 DM, die in Raten von monatlich 100 DM zurückzuzahlen sind. Jeweils auf den Restbetrag werden 0,75% Zinsen pro Monat gerechnet.
Von diesem Darlehen sind bis heute 1800 DM zurückgezahlt worden. Die Restschuld beträgt 3200 DM zuzüglich 584,25 DM Zinsen. Die Restforderung samt Zinsen trete ich an Frau Marlene Menke, Hugenottenweg 22, 7000 Stuttgart, ab.

Bonn, 29. 07. ..
Johannes Lehmann

Forderungsabtretung, Brief des neuen Gläubigers

Frau Menke setzt sich nun mit Walter Schmidt in Verbindung:

Marlene Menke	Hugenottenweg 22
	7000 Stuttgart

Herrn 02. 08. ..
Walter Schmidt
Widderstraße 35

5210 Troisdorf

Forderung von Herrn Johannes Lehmann gegen Sie
Forderungsabtretung

Sehr geehrter Herr Schmidt,

wie Sie von Herrn Lehmann sicherlich schon erfahren haben, hat er die Restforderung aus dem Ihnen gewährten Darlehen an mich abgetreten. Bitte zahlen Sie den mit Herrn Lehmann vereinbarten Rückzahlungsbetrag von 100 DM künftig auf mein Konto Nr. 95 26–705, Postgiroamt Stuttgart.

Mit freundlichem Gruß
Marlene Menke

Entschuldigungen

Ebenso unangenehm wie notwendig pflegen Entschuldigungen zu sein. Ein Kind ist krank, und man muß eine Entschuldigung für die Schule schreiben. Man hat im Urlaub eine Autopanne gehabt, kommt daher zu spät zurück und hat sich bei seinem Arbeitgeber zu entschuldigen. Im Streit hat man den Nachbarn beleidigt, und es bleibt – unter vernünftigen Menschen – nichts anderes übrig, als die Sache durch eine Entschuldigung aus der Welt zu schaffen. Das sind nur drei aus einer Fülle von Gründen, die eine Entschuldigung verlangen.

Wie schreibt man solche Entschuldigungsbriefe? In heiklen Situationen fehlen uns meistens die treffenden Worte. Die Gefahr ist groß, daß man, in bester Absicht, gedrechselt formuliert oder übertreibt. Beides wirkt gewöhnlich ein wenig lächerlich und unglaubwürdig.

Am besten ist es, sich ohne lange Einleitungen, direkt und eindeutig zu entschuldigen. Dabei fällt uns kein Zacken aus der Krone. Eine klare Entschuldigung ist jedoch nicht mit einer untertänigen Entschuldigung zu verwechseln. Auch wer im Unrecht ist, braucht seine Persönlichkeit und seine Würde nicht aufzugeben. Die Zeiten, als man Untertänigkeit erwartete und sie sogar für vornehm hielt, sind zum Glück vorbei. Formulierungen wie »...und bitte ich Sie untertänigst um Vergebung« haben in der Korrespondenz unserer Zeit nichts mehr zu suchen; sie sind ein Armutszeugnis für den Schreiber und eine Beleidigung für den Empfänger, unterstellen sie doch, daß dem Empfänger so etwas gefällt.

Verspätung in der Schule

Waltraut Weber   Kieselweg 17
                                                    5038 Stommeln

---

Herrn Dr. Müller
Klassenlehrer der VIa   12. 03. ..

Sehr geehrter Herr Dr. Müller,

Wolfgang hat sich gestern abend beim Fußballspiel auf der Straße eine Rißwunde am Knie zugezogen, die im Krankenhaus genäht werden mußte. Der Unfallarzt hat Wolfgang für heute um 8.00 Uhr zur Nachuntersuchung bestellt. Bitte entschuldigen Sie seine Verspätung.
Ein Attest des Arztes füge ich bei.

Mit freundlichem Gruß Waltraut Weber

Fehlen in der Schule

Waltraut Weber   Kieselweg 17
                                                 5038 Stommeln

---

Herrn Dr. Müller
Klassenlehrer der VIa
Konrad-Adenauer-Gymnasium
Meidericher Straße 22

5020 Frechen

                                                 12.03...

Sehr geehrter Herr Dr. Müller,

Wolfgang hatte gestern nachmittag über 39° Fieber. Unser Hausarzt hat ihm deshalb bis Ende der Woche Bettruhe verordnet und ihn bis zum 20. 03. krank geschrieben. Ein Attest von Herrn Dr. H. Neu füge ich bei. Bitte rufen Sie mich an, wenn Wolfang nach seiner Rückkehr zu große Lücken zeigt. Ich werde mich dann nach einer Möglichkeit erkundigen, diese Lücken zu schließen.

Mit freundlichem Gruß
Waltraut Weber

Krankheit im Urlaub

Wenn man im Urlaub krank wird, muß man sofort den Arbeitgeber benachrichtigen. Normalerweise wird so ein Brief an die Personalabteilung der Firma geschickt. Der Vorgesetzte wird dann auf dem Dienstweg benachrichtigt.
Eine bessere psychologische Wirkung aber geht von Briefen aus, die direkt an den Vorgesetzten gerichtet sind. Dieser Brief kann die Bitte enthalten, die Personalabteilung zu verständigen; er kann aber auch als zusätzlicher Brief ausschließlich an den Chef gerichtet sein (siehe Beispiel auf Seite 114).

Bernd Quasten   zur Zeit Athen
  Hotel Akropolis

Herrn Prokuristen
Dr. W. Schmitz
Abt. Zentrale Dienste
XYZ – AG
Postfach

4400 Münster

17.07...

Sehr geehrter Herr Dr. Schmitz,

»Kommen Sie gesund und munter wieder«, mit diesen Worten haben Sie mich in den Urlaub entlassen. Nun bin ich, kurz vor der Heimreise, an einer schweren Nierenbeckenentzündung erkrankt. Der Arzt meint, ich sei mindestens 14 Tage nicht transportfähig. Es ist daher leider noch nicht abzusehen, wann ich wieder an meinem Arbeitsplatz sein werde. Mir ist das besonders unangenehm, weil ich weiß, daß in der Urlaubszeit wirklich jeder Mann gebraucht wird. Aber gegen die Tücken der Krankheit kann man nichts machen. Sie werden das sicher verstehen.
Heute habe ich auch die Personalabteilung benachrichtigt und ihr das Attest des behandelnden Arztes geschickt.

Mit freundlichem Gruß und vielem Dank für Ihr Verständnis
Bernd Quasten

Hätte Herr Quasten das Attest dem Brief beigelegt, hätte er den letzten Absatz so formulieren können:

Dem Brief liegt ein Attest des Arztes bei, der mich hier behandelt. Bitte geben Sie es an die Personalabteilung weiter. Vielen Dank.

Mit freundlichem Gruß
Bernd Quasten

Eingeschlagene Fensterscheibe und Beleidigung eines Nachbarn

Ottmar Winter	Waldstraße 17
Erika Winter	3000 Hannover

Herrn Gustav Kerber
Waldstraße 19

3000 Hannover

23. 09. ...

Sehr geehrter Herr Kerber,

wir haben mit unserem Sohn über Ihre Beschwerde gesprochen. Er hat zugegeben, »Anführer« einer Gruppe Kinder gewesen zu sein, die am Freitag eine Fensterscheibe Ihres Hauses eingeschlagen und Sie beleidigt hat. Für dieses Verhalten unseres Sohnes möchten wir uns bei Ihnen entschuldigen. Die Scheibe werden wir selbstverständlich bezahlen. Bitte senden Sie uns die Rechnung des Glasers.
Frank sieht ein, daß er nicht richtig gehandelt hat. Er wird sich noch selbst bei Ihnen entschuldigen. Natürlich hätte er es gleich tun sollen, aber Sie wissen ja, wie schwer es einem Kind fällt, »Entschuldigung« zu sagen, auch wenn es seinen Fehler einsieht. Bitte tragen Sie dem Jungen die Sache nicht nach.

Mit nachbarlichem Gruß
Erika und Ottmar Winter

Persönliches Fehlverhalten

Sehr geehrter Herr Duberke,

es tut mir wirklich leid, daß unsere sachlich/fachliche Diskussion am Mittwoch durch mein überschäumendes Temperament zu einer persönlichen Auseinandersetzung mit handfesten Beleidigungen geworden ist. Ich möchte mich dafür entschuldigen und Sie bitten, am kommenden Montagmittag mein Gast zu sein.
Wenn sie einverstanden sind, reserviere ich einen Tisch im amerikanischen Steakhaus auf der Friedensstraße.

Mit freundlichem Gruß
Georg Luppen

Nicht wahrgenommener Termin

Sehr geehrter Herr Doktor Hannes,

ganz plötzlich ist mein Vater schwer erkrankt, und ich muß kurzfristig umdisponieren. Anstatt nach Kassel führt mich mein Weg nach Bremen, wo mein Vater lebt. Deshalb kann ich am Samstag nicht, wie bereits fest zugesagt, zu Ihnen kommen. Ich hoffe, daß Ihnen meine überraschende Absage nicht zu große Unannehmlichkeiten bereitet. Vielleicht klappt es ein andermal.

Mit freundlichem Gruß
Bodo Jellmann

Öffentliche Entschuldigung

Es kann sein, daß man sich in Abwesenheit einer Person mißbilligend über sie geäußert hat. Bekommt sie davon Wind, kann sie auf einer öffentlichen Entschuldigung bestehen. Eine solche Entschuldigung wird gewöhnlich als Kleinanzeige in der örtlichen Presse aufgemacht.

> Ich nehme die Beleidigungen, die ich am 1. Mai 19.. gegen Frau Erna Klein, Waldweg 19, 5204 Lohmar 1, geäußert habe, mit Bedauern zurück.

Einladung an Nachbarn zu einer Aussprache

Sehr geehrter Herr Feind,

jahrelang sind wir gute Nachbarn gewesen, doch jetzt haben sich durch die Meinungsverschiedenheiten unserer Frauen einige Ärgernisse ergeben. Ich glaube jedoch: Der größte Teil beruht auf unglücklichen Situationen und Mißverständnissen.
Mir liegt viel daran, diese Mißverständnisse zu beseitigen und zu unserer alten gut-nachbarlichen Verbindung zurückzufinden.
Deshalb mein Vorschlag: Setzen wir uns am Samstagnachmittag mit unseren Frauen einmal an einen Tisch! Diskutieren wir freimütig die entstandenen Probleme, um sie aus der Welt zu schaffen! Einverstanden?

Ihr Jürgen Kalter

Zusage auf Einladung zu einer Aussprache

Sehr geehrter Herr Kalter,

ich bin froh über Ihren Brief, denn auch ich meine, daß ein freimütiges Gespräch die Dinge wieder in Ordnung bringen kann. Deshalb nehme ich gern Ihre Einladung an und komme, wie von Ihnen vorgeschlagen, am Samstagnachmittag mit meiner Frau zu Ihnen.

Mit freundlichem Gruß
Ihr Werner Feind

Absage auf Einladung zu einer Aussprache, weil die Meinungsverschiedenheiten zu schwer wiegen

Sehr geehrter Herr Kalter,

sicherlich meinen Sie es gut, wenn Sie mich und meine Frau zu einer Aussprache einladen. Aber im Augenblick glaube ich nicht, daß diese Aussprache etwas nützen würde. Die Meinungsverschiedenheiten unserer Frauen scheinen mir so grundlegend zu sein, daß an eine fruchtbare Diskussion nicht zu denken ist.
Lassen wir noch einige Monate vergehen. Vielleicht können wir dann die Dinge mit etwas mehr Abstand in einem anderen Licht sehen. Bis dahin sollten wir aber auf jeden Fall versuchen, den Graben nicht noch tiefer werden zu lassen.

Mit freundlichem Gruß
Ihr Werner Feind

GESCHÄFTLICHE BRIEFE IM PRIVATEN BEREICH

Mahnungen

Erinnern Sie sich noch an Walter Schmidt? Er hatte von seinem Freund, Johannes Lehmann, 5000 DM geliehen. Bis dahin war alles friedlich verlaufen.
Jetzt aber sind einige Jahre vergangen, und Johannes Lehmann hat nichts von seinem Geld gehört. Da bei Geld alle Freundschaft aufhört, beginnt der Ton von Herrn Lehmann geschäftlich zu werden; womit wir den Einstieg in die

Geschäftlichen Briefe des Privatmanns

gefunden hätten.*

Erinnerung – persönliches Darlehen

> Sehr geehrter Herr Schmidt,
>
> heute sind es genau vier Jahre her, daß ich Ihnen 5000 DM geliehen habe. Damals versprachen Sie, diesen Betrag in etwa drei Jahren zurückzuzahlen. Sind Ihre Schwierigkeiten immer noch nicht überwunden? Oder haben Sie über die Jahre vergessen, daß Sie mir noch Geld schulden?
> Bitte melden Sie sich! Aufkeimendes Mißtrauen kann man am besten im Gespräch beseitigen.
>
> Mit freundlichem Gruß
> Johannes Lehmann

---

* Anregungen und Beispiele für erfolgreiche Briefe finden Sie in ht 229 »So schreibt man Geschäftsbriefe!« von W. Manekeller, Humboldt-Taschenbuchverlag, München.

Wenn Walter Schmidt diesen Brief nicht beantwortet, wird Herr Lehmann mit einem weiteren Brief versuchen, die Sache gütlich zu regeln. Diesen zweiten Brief sollte er aber bereits als Einschreiben schicken.

Mahnung – persönliches Darlehen

Einschreiben

Sehr geehrter Herr Schmidt,

leider haben Sie auf meinen letzten Brief nicht reagiert.
Haben Sie Verständnis dafür, daß ich mir allmählich Gedanken mache, wie ich meine 5000 DM zuzüglich Zinsen zurückbekomme.
Sind Ihre Schwierigkeiten immer noch so groß? Wenn das der Fall ist, werden wir sicherlich unter Freunden eine vernünftige Regelung finden. Man kann über alles reden. In meinem letzten Brief sagte ich schon, daß man aufkeimendes Mißtrauen am besten im Gespräch beseitigt.

Mit freundlichem Gruß
Johannes Lehmann

Reagiert Walter Schmidt nun immer noch nicht, sollte Herr Lehmann deutlicher werden und andeuten, daß er sein Geld im Zweifelsfall einklagen will.

2. Mahnung – persönliches Darlehen

Einschreiben
Sehr geehrter Herr Schmidt,

vier Jahre und ein paar Wochen sind vergangen, seit ich Ihnen 5000 DM geliehen habe. Bis heute habe ich weder einen Pfennig zurückerhalten, noch haben Sie auf meine Briefe geantwortet.
Ihr Verhalten ist mir unverständlich, insbesondere, wenn ich an unsere früher doch fast freundschaftlichen Beziehungen denke.
Mir bleibt nichts anderes übrig, als Sie aufzufordern, bis zum 17. 09. .. den Gesamtbetrag von 6554 DM (5000 DM

Darlehen, 1554 DM = 7% Zinsen für 4 Jahre) zu zahlen. Kommen Sie dieser Verpflichtung nicht nach, werde ich gerichtliche Schritte einleiten.

Mit freundlichem Gruß
Lehmann

Der freundliche Gruß am Schluß wird sicherlich manch einem mißfallen. Auch noch freundlich grüßen? Aber – beschwört Herr Lehmann in seinem scharfen Brief nicht immerhin die alten freundschaftlichen Beziehungen? Mit einem freundlichen Gruß schließen kann man so lange, wie man – bei aller Schärfe im Inhalt – im Ton sachlich bleibt, also Beleidigungen und handfeste moralische Vorwürfe beiseite läßt.

Wenn Herr Lehmann auf gütlichem Wege nicht zu seinem Geld kommen kann, wird er, wie in seinem letzten Brief angekündigt, das *gerichtliche Mahnverfahren* einleiten. Dazu muß er beim zuständigen Amtsgericht den Antrag auf Erlaß eines *Mahnbescheides* (früher nannte man das *Zahlungsbefehl*) stellen. Die nötigen Formulare kann man im Zeitschriften- oder Buchhandel kaufen.

Herr Lehmann füllt das Formular aus, wie es in unserem Beispiel gezeigt ist (siehe Seite 122), klebt die erforderlichen Gerichtskostenmarken ein – die bekommt man bei der Gerichtskasse – und schickt das Ganze an das Amtsgericht seines Wohnortes.

Anstelle der Gerichtskostenmarken kann man auch einen Verrechnungscheck in Höhe der Gerichtskosten auf das Amtsgericht ausstellen und ihn mit dem Mahnbescheid abschicken.

Das Amtsgericht stellt dem Antragsgegner den Mahnbescheid durch die Post zu. Die gelbe Kopie des Mahnbescheides erhält der Antragsteller nach der Zustellung des Mahnbescheides an den Antragsgegner zurück. Sie gilt zunächst einmal als Quittung, kann aber eventuell später noch einmal in einer anderen Funktion verwendet werden.

Nachdem dem Antragsgegner der Mahnbescheid zugestellt ist, hat er drei Möglichkeiten:

1. Er zahlt, dann hat sich die Sache erledigt.
2. Er unternimmt gar nichts, dann kann der Antragsteller nach Ablauf einer Frist von 14 Tagen ab Zustellung des Mahnbescheides den Mahnbescheid für vollstreckbar erklären lassen. Dazu benutzt der Antragsteller nun die *gelbe Kopie* des Mahnbescheides, den *Vollstreckungsbescheid*.

3. Er erhebt innerhalb von 14 Tagen nach Zustellung des Mahnbescheides Widerspruch, dann geht die Sache an das nun zuständige Gericht.

Zunächst will aber Herr Lehmann Herrn Schmidt weitere Unannehmlichkeiten ersparen. Er versucht deshalb, Herrn Schmidt von der Aussichtslosigkeit des Widerspruchs gegen einen Mahnbescheid zu überzeugen. In seinem Brief erinnert er darüber hinaus noch einmal an die ehemals so guten freundschaftlichen Beziehungen.

Ankündigung Mahnbescheid

> Sehr geehrter Herr Schmidt,
>
> Sie haben mir leider keine andere Wahl gelassen. Ich habe heute beim Amtsgericht Bonn den Erlaß eines Mahnbescheides gegen Sie beantragt. Sie können wirklich nicht sagen, ich hätte keine Geduld gehabt. Aber vier Jahre ohne eine Nachricht von Ihnen, auch nachdem ich Sie schriftlich darum gebeten hatte, das ist einfach zuviel. Ich bedaure meinen notwendigen Schritt um so mehr, wenn ich an die früher so vorzüglichen persönlichen Beziehungen denke. Deshalb halte ich es für meine Pflicht, Ihnen zu raten, dem Zahlungsbefehl nachzukommen. Die Dinge sind rechtlich eindeutig, und ich werde, wenn Sie Widerspruch gegen den Zahlungsbefehl einlegen, sofort eine gerichtliche Verhandlung beantragen. Das können Sie doch nicht ernsthaft wollen. Ihre Position wäre aussichtslos.
>
> Lehmann

Jetzt ist das Gericht eingeschaltet. Die folgenden Briefe zu diesem Schriftwechsel sind im Kapitel

»*Briefe an Gerichte*«

eingeordnet.

Der Antrag wird gerichtet an das

Amtsgericht

Plz, Ort

Geschäftsnummer des Amtsgerichts
Bei Schreiben an das Gericht stets angeben

Antragsgegner/ges. Vertreter

Herr Walter Schmidt
Widderstraße 35

5210 Troisdorf
Plz   Ort

↓ Raum für Kostenmarken/Freistempler (falls nicht ausreichend, unteres Viertel der Rückseite benutzen) →

Mahnbescheid

Antragsteller, ges. Vertreter, Prozeßbevollmächtigte(r); Bankverbindung

Johannes Lehmann, Lennistraße 17, 5300 Bonn
BLZ 900 000 17, XYZ-Bank AG, Kto.Nr. 1234

macht gegen –Sie– □ als Gesamtschuldner

folgenden Anspruch geltend (genaue Bezeichnung, insbes. mit Zeitangabe):   Geschäftszeichen des Antragstellers:

Darlehn über 5000 DM, Schuldanerkenntnis vom 16.03.

Hauptforderung	Zinsen				
DM 5 000,00	1 912,50 DM (0,75% p. Monat = 51 Monate)				
Vorgerichtliche Kosten DM					
Kosten dieses Verfahrens (Summe ①bis⑤) DM 257,05	① Gerichtskosten 2 52,25 DM	② Auslagen d. Antragst. 4,80 DM	③ Gebühr d. Prozeßbev. DM	④ Auslagen d. Prozeßbev. DM	⑤ MWSt. d. Prozeßbev. DM
Gesamtbetrag DM 5 257,05 zuzügl. der Zinsen	Der Anspruch ist nach Erklärung des Antragstellers von einer Gegenleistung ☒ nicht abhängig. ☐ abhängig; diese ist aber bereits erbracht.				

Das Gericht hat nicht geprüft, ob dem Antragsteller der Anspruch zusteht. Es fordert Sie hiermit auf, innerhalb von **zwei Wochen** seit der Zustellung dieses Bescheids **entweder** die vorstehend bezeichneten Beträge, soweit Sie den geltend gemachten Anspruch als begründet ansehen, zu begleichen **oder** dem (oben bezeichneten) Gericht auf einem Vordruck der beigefügten Art (s. Hinweis dazu auf der Rückseite) mitzuteilen, ob und in welchem Umfang Sie dem Anspruch widersprechen.

Werden die geforderten Beträge nicht beglichen und wird auch nicht Widerspruch erhoben, kann der Antragsteller nach Ablauf der Frist einen Vollstreckungsbescheid erwirken, aus dem er die Zwangsvollstreckung betreiben kann. Ein streitiges Verfahren in Ihrem allgemeinen Gerichtsstand wäre nach Angabe des Antragstellers durchzuführen vor dem

☐ Amtsgericht ☐ Landgericht ☐ Landgericht -Kammer für Handelssachen   Plz, Ort   in

An dieses Gericht, dem eine Prüfung seiner Zuständigkeit vorbehalten bleibt, wird die Sache im Falle Ihres Widerspruchs abgegeben.

Rechtspfleger

Anschrift des Antragstellers/Vertreters/Prozeßbevollmächtigten

Antrag   Ort, Datum Bonn, 10.10. .

Johannes Lehmann
Lennistraße 17

5300 Bonn

Eingangsstempel des Gerichts

Es wird beantragt, aufgrund der vorstehenden Angaben einen Mahnbescheid zu erlassen.

Im Falle des Widerspruchs wird die Durchführung des streitigen Verfahrens vor dem vorstehend bezeichneten Gericht beantragt.

Ordnungsgemäße Bevollmächtigung wird versichert.

Hier die Zahl der ausgefüllten Vordrucke angeben, falls sich der Antrag gegen mehrere Antragsgegner richtet.

Johannes Lehmann
Unterschrift des Antragstellers/Vertreters/Prozeßbevollmächtigten

Blatt 1: Antrag und Urschrift

Briefe an Gerichte

Trotz der eindringlichen Mahnung von Herrn Lehmann erhebt Walter Schmidt *Widerspruch* gegen den *Mahnbescheid!*

Widerspruch gegen Mahnbescheid

> Walter Schmidt, Widderstraße 35, 5210 Troisdorf
>
> Amtsgericht Bonn
> Streitgericht
>
> 5300 Bonn   22. 10. ..
>
> Widerspruch gegen Mahnbescheid
> Gerichtsaktenzeichen A II 425/196 vom 10. 10. ..
>
> Herr Lehmann, Lennistraße 17, 5300 Bonn, hat gegen mich einen Mahnbescheid beantragt.
> Ich erhebe dagegen Widerspruch.
>
> Walter Schmidt

Nehmen wir einmal an, Walter Schmidt hätte sich nicht gerührt, nachdem ihm der Mahnbescheid zugestellt worden ist. Folglich hat Johannes Lehmann *Vollstreckungsbescheid* beantragt. Dagegen legt Walter Schmidt nun doch *Einspruch* ein.
Der Einspruch muß nicht unbedingt begründet werden, jedoch sehen es die Gerichte lieber, wenn der Antragsgegner kurz erläutert, warum er Einspruch einlegt.

Einspruch gegen Vollstreckungsbescheid

> Walter Schmidt   Widderstraße 35
>   5210 Troisdorf
>
> Amtsgericht Bonn
> Streitgericht
> Postfach
>
> 5300 Bonn   30. 10. ..
>
> Einspruch gegen Vollstreckungsbescheid zum Mahnbescheid Gerichtsaktenzeichen A II 425/196 vom 10. 10. ..

> Herr Johannes Lehmann, Lennistraße 17, 5300 Bonn, hat gegen mich Vollstreckungsbescheid beantragt. Die Forderung von 6554,– DM ist nicht gerechtfertigt, deshalb
>
> lege ich Einspruch ein.
>
> Begründung:
> Am 01. 09. .. hat mich Herr Lehmann schriftlich aufgefordert, die Schulden zu bezahlen. Auf diese Mahnung hin habe ich Frau Lehmann am 03. 09. .. besucht und ihr einen Teil des Betrages, 2000 DM, in bar bezahlt. Über diesen Betrag hat mir Frau Lehmann eine Quittung ausgestellt, die ich als Kopie beifüge.
> Gleichzeitig mit diesem Einspruch beantrage ich die Einstellung der Zwangsvollstreckung.
>
> Walter Schmidt

So könnte ein Einspruch aussehen. Von diesem Einspruch wird der Antragssteller in Kenntnis gesetzt.
Was passiert aber, wenn Walter Schmidt auch die 14-Tage-Frist für den Einspruch gegen den Antrag des Vollstreckungsbescheides verstreichen läßt? – Johannes Lehmann beantragt die Vollstreckung! Er kann den Vollstreckungsbescheid durch das Gericht zustellen lassen oder den vollstreckbaren Titel selbst an die Gerichtsvollzieher-Verteilungsstelle schicken. Beides ist mit Kosten verbunden, die zunächst einmal der Antragssteller, also Johannes Lehmann, zahlen muß.

Vollstreckungsauftrag

> Johannes Lehmann   Lennistraße 17
>   5300 Bonn
>
> ---
>
> Amtsgericht Bonn
> Gerichtsvollzieher Verteilungsstelle
>
> 5300 Bonn 1
>
> Lehmann ./. Schmidt
>
> Hiermit erhalten Sie die vollstreckbare Ausfertigung des Urteils des Amtsgerichts Bonn vom . . . AZ . . . und eine beglaubigte Abschrift des Titels. Bitte stellen Sie die

Abschrift dem Antragsgegner zu. Gleichzeitig beauftrage ich Sie, beim Antragsgegner wegen folgender Forderungen zu vollstrecken:

1. Hauptforderung	5000,00 DM
2. 0,75% Zinsen/Monat = 51 Monate seit dem . . .	1912,50 DM
3. Kosten gemäß Kostenfestsetzungsbeschluß	252,25 DM
4. Porto	4,80 DM
	7169,55 DM

Bitte senden Sie mir die Abschrift des Pfändungsprotokolls. Hinweis: Der Antragsgegner besitzt eine wertvolle Münzsammlung, die er gewöhnlich in seinem Bankschließfach aufbewahrt.

Johannes Lehmann

Erinnerung gegen unzulässige Pfändung

Der Gerichtsvollzieher war bei der Vollstreckung etwas zu eifrig und hat bei Walter Schmidt eine Schreibmaschine gepfändet. Walter Schmidt aber ist freier Journalist und braucht die Schreibmaschine täglich. Also erhebt er Einspruch beim Vollstreckungsgericht. Die Juristen nennen Einsprüche dieser Art *»Erinnerung«*.

Walter Schmidt	Widderstraße 35
	5210 Troisdorf

Amtsgericht Bonn
Vollstreckungsgericht

5300 Bonn 1   22. 11. . . .

In Sachen Johannes Lehmann, Lennistraße 17, 5300 Bonn 1,
– Antragsteller –
gegen
Walter Schmidt, Widderstraße 35, 5210 Troisdorf
– Antragsgegner –

erhebe ich Erinnerung

gegen die Pfändung vom . . . durch den Gerichtsvollzieher, Herrn Ebner.

Auf Antrag des Antragsstellers hat der Gerichtsvollzieher wegen einer Forderung von 7169,55 DM bei mir eine Münzsammlung und eine Schreibmaschine gepfändet. Die Pfändung der Schreibmaschine ist nicht zulässig, weil ich sie für meinen Beruf als freier Journalist dringend benötige.

Beweise:
Pfändungsprotokoll
Versicherung des Bonner Morgenblattes, Herrn Edmund Greis.

Ich beantrage ferner, die Zwangsvollstreckung so lange einzustellen, bis eine Entscheidung über meine Erinnerung gefällt worden ist.

Walter Schmidt

Beauftragung eines Rechtsanwalts

Sollten Sie, lieber Leser, einmal in eine ähnliche Lage kommen, wie unsere beiden Freunde, dann nehmen Sie sich sicherheitshalber einen Anwalt wie Johannes Lehmann.

| Johannes Lehmann | Lennistraße 17 |
| | 5300 Bonn |

22. 10. ...

Herrn Dr. Otto Munter
Rechtsanwalt
Kölnstraße 234

5300 Bonn 1

Vertretung in einem Rechtsstreit

Sehr geehrter Herr Dr. Munter,

beigefügt sende ich Ihnen einige Unterlagen zu dem in unserem Gespräch behandelten Fall zu treuen Händen. Ich freue mich, daß Sie mich vor Gericht vertreten wollen.

Mit freundlichem Gruß Anlagen:
Johannes Lehmann Schuldanerkenntnis
  Kopie Mahnbescheid
  Vollstreckbare Ausfertigung
  Pfändungsprotokoll
  Verschiedene Schreiben

Sonstige Schreiben an Gerichte

Benennung eines Zeugen

    Amtsgericht Bochum
    Streitgericht
    Postfach

    4630 Bochum   05. 03. ..

    Kazmazek ./. Sawatzky
    Wegen Darlehensforderung 13467/..

    In dieser Sache nenne ich Herrn Roger Weller als Zeugen. Er war zur fraglichen Zeit mein Gast und hat gesehen, wie ich dem Kläger das Darlehen in Höhe von 5000 DM in bar übergeben habe.

    Hans Kazmazek

Entschuldigungsgesuch eines Zeugen

    Amtsgericht Bochum
    – Streitgericht –
    Postfach

    4630 Bochum   12. 03. ..

    Kazmazek ./. Sawatzky
    wegen Darlehensforderung 13467/..

    Gemäß Beweisbeschluß vom 09. 03. .. werde ich in dieser Sache als Zeuge für den Vernehmungstermin am 23. 03. .. geladen.
    Diesen Termin kann ich nicht wahrnehmen. Aus dem beigefügten Attest von Herrn Dr. med. Müller können Sie ersehen, daß ich an einer Rippenfellentzündung erkrankt und noch bis Ende März bettlägerig bin.

    Roger Weller

Befreiungsgesuch eines Zeugen

> Amtsgericht Bochum
> – Streitgericht –
> Postfach
>
> 4630 Bochum 12. 03. ...
>
> Kazmazek ./. Sawatzky
> wegen Darlehensforderung 13467/..
>
> Gemäß Beweisbeschluß vom 05. 03. .. wurde ich als Zeuge geladen. Der Beklagte behauptet, er hätte dem Kläger im November 19.. in meiner Anwesenheit ein Darlehen zurückgezahlt.
> Zur Zeit des Besuchs des Klägers bei dem Beklagten war ich bei dem Beklagten zu Gast. Da die beiden Herren aber im Büro des Beklagten verhandelten, während ich im Wohnzimmer war, habe ich weder ihre Unterhaltung verstanden noch etwas von einer Darlehensrückzahlung gemerkt. Ich könnte also zur Sache nichts aussagen.
> Bitte befreien Sie mich deshalb von meiner Zeugenpflicht.
>
> Roger Weller

Ausschlagung einer Erbschaft

Ein Erbe will die Erbschaft ausschlagen. Er muß dies dem zuständigen Nachlaßgericht mitteilen.

> Ewald Gaus, Rellinghauser Straße 19, 4300 Essen
>
> Amtsgericht
> Nachlaßgericht
> Postfach
>
> 4300 Essen 16. 04. ...
>
> Nachlaßangelegenheit Walter Gaus, gestorben am 29. 03. ..
> zuletzt Widderstraße 42, 4300 Essen
> Eröffnungstermin 12. 04. ..
>
> Der Erblasser setzt mich in seinem Testament vom 12. 08. .. als Alleinerbe ein.
> Ich schlage hiermit die mir zugedachte Erbschaft aus.
>
> Ewald Gaus (Beglaubigung)

Briefe an das Finanzamt

Viele Menschen fürchten sich vor dem Finanzamt. Diese Furcht ist unbegründet, denn wer beim Finanzamt einen guten Ruf hat – und den hat eigentlich jeder, der nicht als notorischer Steuerhinterzieher bekannt ist –, der hat auch nichts zu befürchten. Selbst dann nicht, wenn man einmal mit einer Zahlung in Rückstand gerät und deshalb um Stundung bitten muß.

Stundungsanträge sind keineswegs die einzigen Schreiben, die täglich beim Finanzamt eingehen. Die meisten Steuerbegünstigungen zum Beispiel werden nur auf schriftlichen Antrag gewährt.

Ein Brief soll das Finanzamt – oder besser den Finanzbeamten – zu einer ganz bestimmten Aktion veranlassen. Auch die Mitarbeiter des Finanzamtes sind subjektiv beeinflußbare Menschen; darüber sollte man sich klar sein, bevor man schreibt. Überhebliche Formulierungen und eine falsche Wortwahl haben schon so manchen Antrag scheitern lassen.

Die Aussicht, daß der Brief einen Sachbearbeiter positiv beeinflußt, ist um so größer, je präziser man seinen Antrag formuliert. Man muß sich also vor dem Schreiben schon selbst sehr genau darüber im klaren sein, was man erreichen will und welche rechtlichen Grundlagen bestehen.

Der Brief soll nicht in die Mühlen der Behörde geraten, daran sollte man sich schon beim Schreiben der Anschrift erinnern. »An das Finanzamt« ist zwar richtig, der Brief wird aber erst später den zuständigen Beamten erreichen. »Finanzamt Zdorfhausen, Innenstadt, Einkommensteuerstelle« ist genauer.

Eine vollständige Betreffangabe erleichtert und beschleunigt die Sachbearbeitung. Zum Beispiel die Steuernummer (wenn es sich um laufend veranlagte Steuern wie Einkommensteuer oder Lohnsteuer handelt) gehört zur vollständigen Betreffangabe.

Zum Inhalt: Obwohl man in letzter Zeit auf Situationsschilderungen in geschäftlichen Briefen verzichtet, beim Brief an das Finanzamt sind sie doch angebracht. Jeder Antrag wird stets vom vorliegenden Sachverhalt her beurteilt, und wenn der Sachbearbeiter oder die Sachbearbeiterin nicht erst lange in den Unterlagen blättern muß, hat sich der Antragsteller bereits einen kleinen Pluspunkt erschrieben. Erst danach sollen alle Tatsachen in der zeitlichen Reihenfolge aufgeführt werden. Ist das geschehen, geht es daran, einen Antrag zu formulieren und den Antrag auch zu begründen. Begründen heißt, jedes Argument anzuführen, das den Antrag rechtfertigt.

Antrag auf Stundung der Einkommensteuer

    Finanzamt Bonn Innenstadt
    Einkommensteuerstelle
    Postfach

    5300 Bonn   02.09...

    Steuernummer 910/8649
    Stundung der Einkommensteuer-Abschlußzahlung 19..
    Einkommensteuerbescheid vom 01. 09. ...

    Sehr geehrte Damen und Herren,

    nach dem Einkommensteuerbescheid 19.. muß ich innerhalb eines Monats
    4010,65 DM

entrichten. Diese Summe kann ich nicht auf einmal zahlen. Meine flüssigen Mittel sind durch dringend notwendige Renovierungen in meinem Haus in der Ermelkeilstraße völlig erschöpft. Um alle Arbeiten durchführen lassen zu können, habe ich bei der XYZ-Bank sogar einen Kredit von 35000 DM aufnehmen müssen.

Ich bitte Sie deshalb, mir meine Steuerschuld zu stunden und folgende Teilzahlungsregelung zu akzeptieren:

1. Rate sofort	2010,65 DM
2. Rate 01.10...	500,00 DM
3. Rate 01.11...	1000,00 DM
4. Rate 01.01...	500,00 DM
	4010,65 DM

Den Betrag der ersten Rate habe ich heute auf das angegebene Postscheckkonto überwiesen.
Sollte ich in den nächsten Tagen nichts mehr von Ihnen hören, setze ich voraus, daß Sie mit meinem Vorschlag einverstanden sind. Vielen Dank für Ihr Verständnis.

Mit freundlichem Gruß
Hans Hatterscheid

Der Antrag wird abgelehnt. Das Finanzamt stellt sich auf den Standpunkt, der Bürger habe genug verdient, um die Steuerschuld auf einmal bezahlen zu können.

Einspruch gegen Stundungsablehnung

>Finanzamt Bonn Innenstadt
>Einkommensteuerstelle
>Postfach
>
>5300 Bonn 1   17.09...
>
>Steuernummer 910/8649
>Stundung der Einkommensteuer-Abschlußzahlung 19..
>Einkommensteuerbescheid vom 01. 09. ..
>Mein Schreiben vom 02. 09. .., Ihr Schreiben vom 15. 09. ..

Sehr geehrte Damen und Herren,

gegen die Ablehnung meines Stundungsantrages lege ich Einspruch ein. Um den Restbetrag meiner Steuerschuld von 2000 DM sofort zahlen zu können, müßte ich ein zusätzliches Privatdarlehen beantragen. Wie ich in meinem letzten Brief erklärt habe, mußte ich einen Kredit über 35000 DM aufnehmen, um dringende Renovierungsarbeiten in meinem Haus durchführen lassen zu können. Ein weiterer Kredit würde mich für eine gewisse Zeit erheblich belasten.
Bitte entsprechen Sie deshalb meinem Stundungsantrag. Bisher bin ich meinen Steuerverpflichtungen immer pünktlich nachgekommen.

Mit freundlichem Gruß
Hans Hatterscheid

Einverständnis-Gegenvorschlag

Das Finanzamt macht einen Gegenvorschlag und bittet um Bestätigung.

>Finanzamt Bonn Innenstadt
>Einkommensteuerstelle
>Postfach
>
>5300 Bonn 1   22. 09. ..
>
>Steuernummer 910/8649
>Stundung der Einkommensteuer-Abschlußzahlung 19..
>Einkommensteuerbescheid vom 01. 09. ..
>Ihr Schreiben 213/8727 – ERSt. 1 vom 20. 09. ..

Sehr geehrte Damen und Herren,

mit Ihrem Vorschlag bin ich einverstanden. Ich werde die nächste Rate am 30. 10. .. überweisen.
Vielen Dank für Ihr Entgegenkommen.

Mit freundlichem Gruß
Hans Hatterscheid

Fehler passieren überall, auch beim Finanzamt. Da es sich um Ihr Geld handelt, weisen Sie ruhig darauf hin.

Fehler in Steuerfestsetzung

Finanzamt Bonn Innenstadt
Einkommensteuerstelle
Postfach

5300 Bonn   19. 09. ..

Steuernummer 190/9468
Einkommensteuerbescheid 19.. vom 17. 09. ..
Fehler in der Festsetzung

Sehr geehrte Damen und Herren,

in meinem Einkommensteuerbescheid ermittelten Sie das zu versteuernde Einkommen mit . . . DM. Daraus errechnen Sie eine Steuerschuld von . . . DM. Dieser Betrag kann nicht stimmen. Nach der Splitting-Tabelle ergäbe sich für mich nur eine Steuerschuld von . . . DM.
Bitte berichtigen Sie diesen offensichtlichen Fehler, und stellen Sie mir einen neuen Steuerbescheid aus. Danke.

Mit freundlichem Gruß
Willi Faßbender

Fristverlängerung zur Abgabe des Lohnsteuerjahresausgleichs

Walter Haas   Ermelkeilstr. 22
                                                           5300 Bonn 1

Finanzamt Bonn Innenstadt   01. 04. ...
Lohnsteuerstelle
Postfach

5300 Bonn 1

Steuernummer 820/7865
Fristverlängerung zur Abgabe des Lohnsteuerjahresausgleichs 19..

Sehr geehrte Damen und Herren,

meinen Lohnsteuerjahresausgleich 19.. kann ich nicht rechtzeitig vorlegen.
Am 03. 03. 19.. bin ich bei einem Verkehrsunfall schwer verletzt worden und liege seitdem in der Universitätsklinik in Bonn. Nach Ansicht des Arztes, Herrn Dr. Müller, werde ich erst in sechs Wochen entlassen. Ein Attest liegt bei.

Bitte verlängern Sie deshalb die Abgabefrist auf den 31. 07. Vielen Dank.

Mit freundlichen Grüßen Ulrich Müller

Beschwerde gegen Verspätungszuschlag

Finanzamt Bonn Innenstadt
Lohnsteuerstelle
Postfach

5300 Bonn

Steuernummer 536/9182
Beschwerde gegen Verspätungszuschlag
Steuerbescheid für 19.. vom 07. 07. ...

Sehr geehrte Damen und Herren,
ich habe meinen Lohnsteuerjahresausgleich 19.. verspätet abgegeben. Sie haben einen Zuschlag von
50 DM
für mich festgesetzt. Bitte heben Sie diesen Zuschlag auf.

Begründung:
Am 03. 03. .. wurde ich bei einem Verkehrsunfall so schwer verletzt, daß ich 10 Wochen in der Universitätsklinik in Bonn lag. Deshalb konnte ich den Lohnsteuerjahresausgleich nicht früher einreichen. Leider habe ich vergessen, Sie davon zu unterrichten, als ich meinen Jahresausgleich abgegeben habe.
Als Beweis für meinen Krankenhausaufenthalt füge ich ein Attest der Universitätsklinik bei.

Mit freundlichem Gruß H. Merz

Verspäteter Einspruch gegen Einkommensteuerbescheid

Verspäteter Einspruch gegen Einkommensteuerbescheid 19.. vom ...

Sehr geehrte Damen und Herren,

Am . . ., also eine Woche vor Ablauf der Einspruchfrist, hatte ich einen Herzinfarkt, der einen längeren Krankenhausaufenthalt mit anschließender Kur erforderlich machte. Ein ärztliches Attest füge ich bei.
Ich lege jetzt Einspruch gegen den Steuerbescheid 19.. ein. Die Begründung werde ich in den folgenden Tagen nachreichen.

Mit freundlichem Gruß Hans Neuendorf

Beschwerde gegen Säumniszuschlag

Beschwerde gegen Säumniszahlung

Sehr geehrte Damen und Herren,

Sie fordern von mir einen Säumniszuschlag von ... DM. Hier liegt sicherlich ein Versehen vor.
Nach meinem Steuerbescheid war die Abschlußzahlung am ... fällig. Ich habe diesen Betrag rechtzeitig am ... auf das angegebene Postgirokonto überwiesen (siehe Kopie des Überweisungsbelegs). Bitte heben Sie deshalb die Anforderung auf.

Mit freundlichem Gruß Anton Obrock

Anmeldung der Selbständigkeit

Selbständigkeit muß beim Finanzamt angemeldet werden .

Betriebseröffnung

Am 22. 09. 19.. habe ich ein Elektro-Installationsgeschäft in St. Augustin, Markusstraße 17, eröffnet. Ich beschäftige einen Gesellen und eine Sekretärin. Bitte teilen Sie mir eine neue Steuernummer zu.

Mit freundlichem Gruß
Wolfgang Sinew

2 x Freiberufliche Tätigkeit

Am 01. 09. .. habe ich mich als Rationalisierungsberater niedergelassen. Meine Wohnung und mein Büro befinden sich in der Schillerstraße 19, 5300 Bonn 1.

Am 01. 08. .. habe ich in der Elisabethstraße 14, 5300 Bonn 1, eine Praxis als Arzt für Allgemeinmedizin eröffnet. Meine Wohnung ist weiterhin Elisabethstraße 10, ebenfalls 5300 Bonn 1.

Antrag auf Erhöhte Absetzungen für Modernisierungsaufwand

Erhöhte Absetzungen für Modernisierungsaufwand

Sehr geehrte Damen und Herren,

ich habe in meinem Haus neue, wärmeisolierende Fenster mit Thermopaneverglasung einsetzen lassen. Die Kosten beliefen sich auf 35000 DM. Belege liegen bei.
Bei der Ermittlung meiner Einkünfte aus Vermietung und Verpachtung für 19.. habe ich 10% dieses Betrages = 3500 DM neben der normalen Abschreibung nach § 7b EStG berücksichtigt (§ 82a EStDV).

Mit freundlichem Gruß
Helmut Schäfer

Wegfall der Vermögenssteuer

>Tod des Steuerpflichtigen
>Wegfall der Vermögenssteuer
>
>Mein Vater, Alfred Zimmermann, ist am 26. 05. .. gestorben, und ich verwalte den Nachlaß.
>Bitte heben Sie die Festsetzung der Vermögenssteuer zum 01. 01. .. auf. Die bis zum Jahresende noch zu leistenden Beträge werde ich aus dem Nachlaß zahlen.
>
>Mit freundlichem Gruß
>Werner Zimmermann

Antrag auf Nachträgliche Geltendmachung von Erblasserschuld

>Nachträgliche Geltendmachung von Erblasserschuld
>
>Sehr geehrte Damen und Herren,
>
>mir ist bei der Erbschaftssteuererklärung ein Fehler unterlaufen. Ich nahm an, daß die auf dem Einfamilienhaus ruhende Hypothek bereits im Einheitswert berücksichtigt sei und habe sie deshalb nicht vom Wert der Nachlaßgegenstände abgezogen.
>Bitte berücksichtigen Sie bei der Festsetzung der Erbschaftssteuer diese Hypothek. Sie betrug am Todestag meines Mannes noch 35000 DM. Vielen Dank für Ihr Verständnis.
>
>Mit freundlichem Gruß
>Gisela Schmidt

Antrag auf Freibetrag

>Freibetrag wegen unentgeltlicher Pflege
>
>Sehr geehrte Damen und Herren,
>
>meine Schwiegermutter war in den beiden letzten Jahren vor ihrem Tod stark pflegebedürftig. Ich habe diese Pflege unentgeltlich durchgeführt. Bitte lassen Sie deshalb von meinem Erbe 2500 DM steuerfrei (§ 13 Abs. 1 Nr. 9 ErbStG).
>
>Mit freundlichem Gruß
>Marianne Krause

Antrag auf Berichtigung der Erbschaftssteuerfestsetzung

> Berichtigung der Erbschaftssteuerfestsetzung wegen Änderung des Feststellungsbescheides
>
> Sehr geehrte Damen und Herren,
>
> in dem Erbschaftssteuerbescheid vom 09. 09. .. ist das Grundstück mit 135% des Einheitswertes 19.. von 120000 DM angesetzt worden. Das Belegenheitsfinanzamt hat diesen Wert auf 100000 DM herabgesetzt. Bitte ändern Sie den Steuerbescheid entsprechend (§ 218 Abs. 4 AO). Vielen Dank.
>
> Mit freundlichem Gruß
> Oskar Müller

Briefe an Versicherungen

Jeder kommt irgendwann in die Lage, eine Versicherung abschließen zu wollen oder zu müssen. Sei es, daß er einen neuen Hausstand gegründet hat und dementsprechend eine Hausratsversicherung gegen Diebstahl und Feuergefahr braucht, sei es, daß er eine Lebensversicherung oder für den Fall der Behandlung im Krankenhaus eine Zusatzkrankenversicherung wünscht. Oder die lieben Kleinen haben sich zu ausgesprochenen Rangen entwickelt. Ohne Familienhaftpflichtversicherung könnte das Leben dann sehr teuer werden.
Das Leistungsangebot der Versicherer ist oft so unterschiedlich, daß es zweckmäßig ist, eine Beratung oder ein Angebot anzufordern.

Allgemeine Briefe

Beratung Aussteuerversicherung

> Sehr geehrte Damen und Herren,
>
> von Bekannten erfuhr ich, daß man eine Lebensversicherung als Aussteuerversicherung abschließen kann. Angeblich kann man damit mehr Steuern sparen, als wenn man der Tochter zum Hochzeitstag aus eigener Tasche eine Aussteuer mitgibt. Wir haben eine kleine Tochter und würden

deshalb dieses Thema gern einmal mit einem fachkundigen Berater Ihrer Gesellschaft diskutieren.
Würden Sie uns wegen eines Termins abends nach 17.00 Uhr ansprechen? Telefon 12345.

Mit freundlichen Grüßen

Die Versicherungsmaterie ist sicher für den Normalverbraucher nicht immer durchschaubar. Manch einer hat Angst vor seiner eigenen Schwäche, die ihn dazu verleiten könnte, gleich bei der ersten Beratung einen Antrag zu unterschreiben, der ihn für Jahre an eine Versicherungsgesellschaft bindet. Ist das der Fall, so sollte man ein schriftliches Angebot anfordern. Dazu muß der Sachbearbeiter Einzelheiten kennen. Fehlende Einzelheiten würden nur ein schlechtes Angebot bewirken.

Bitte um schriftliches Angebot für eine Lebensversicherung

Sehr geehrte Damen und Herren,

die Leistungen aus der Angestelltenversicherung sind offenbar nur Mindestleistungen, die im Falle eines vorzeitigen Todes, aber auch beim Erreichen der Altersgrenze nicht ausreichen, den Lebensstandard zu halten.
Ich bin auf diesem Gebiet kein Fachmann, kann mir also meinen Rentenanspruch nicht selbst ausrechnen. Dagegen nehme ich an, daß Sie Mitarbeiter beschäftigen, die diese Arbeit für mich übernehmen könnten. Bitte rechnen Sie mir aus, welche Ansprüche ich an die Angestelltenversicherung habe, ab wann ich in den Ruhestand gehen könnte und was ich tun sollte, um im Alter ungefähr das zur Verfügung zu haben, was mir vor meinem Ausscheiden aus meinem Berufsleben monatlich netto auf mein Gehaltskonto überwiesen wird. Das sind zur Zeit rund 2000 DM.
Alle erforderlichen Angaben können Sie aus meinen Unterlagen der Angestelltenversicherung entnehmen, von denen ich eine Kopie beifüge. Bitte beschränken Sie sich zunächst auf ein schriftliches Angebot. Ich möchte es prüfen und mich erst danach mit einem Ihrer Außendienstmitarbeiter unterhalten.

Mit freundlichen Grüßen

Statt des erhofften Angebots hat Ihnen die Versicherungsgesellschaft einen Vertreter ins Haus geschickt.

Beschwerde wegen Vertreterbesuch

> Meine Anfrage vom ...
>
> Sehr geehrte Damen und Herren,
>
> heute hat mich Ihr Mitarbeiter, Herr Duden, besucht, obwohl ich in meiner Anfrage um ein schriftliches Angebot gebeten hatte. Ich verstehe ja, daß man so komplizierte Versicherungsfragen besser in einem persönlichen Gespräch klären kann. Allerdings war Ihr Mitarbeiter dazu leider nicht in der Lage. Was also sollte dieser Besuch?
> Inzwischen hat mir einer Ihrer Mitbewerber meine Fragen zufriedenstellend beantwortet. Ich habe aber alle anderen Versicherungen bei Ihnen abgeschlossen und noch nie Klagen gehabt. Deshalb möchte ich auch diese Versicherung gern bei Ihnen abschließen. Ich erwarte nach wie vor Ihr detailliertes Angebot, muß aber sagen, daß die Sache nun eilt.
>
> Mit freundlichem Gruß

Nicht immer ist der Versicherungskunde über die Höhe des Risikos einer Meinung mit den Experten der Versicherungsgesellschaft. Im folgenden Beispiel beschwert sich der Kunde über eine von der Versicherungsgesellschaft zusätzlich festgelegte Risikoprämie. Zum besseren Verständnis wiederholt er im ersten Absatz seines Briefes den Sachverhalt. Das ist nicht immer erforderlich, denn im Normalfall wissen die Versicherungsgesellschaften selbst, was sie ihren Kunden mitgeteilt haben.

Einspruch gegen Beurteilung des Risikos

> Feuerversicherung – zusätzliche Risikoprämie
> Ihr Schreiben vom 01. 01. ... ds.sch
>
> Sehr geehrte Damen und Herren,
>
> Sie gehen bei der Beurteilung des Feuerversicherungs-Risikos für mein Wochenendhaus davon aus, daß es in unmittelbarer Nachbarschaft einer Tankstelle und eines Holzlagers

liegt. Daraus schließen Sie auf eine Gefahrenerhöhung, die die Versicherungsprämie beeinflußt. Damit bin ich aus zwei Gründen nicht einverstanden:

1. Die Tankstelle ist seit 2½ Jahren stillgelegt, weil sich der Betrieb nicht mehr gelohnt zu haben scheint. Infolge der neuen Autobahn ist der Durchgangsverkehr über die Dorfstraße fast auf Null gesunken.

2. Das Holzlager ist über 100 m von meinem Wochenendhaus entfernt. Wenn Ihr Versicherungsexperte in seiner Expertise von einer Entfernung von weniger als 30 m spricht, so kann ich mir seine Fehleinschätzung nur damit erklären, daß er den Ort gerade an dem Tag besichtigt hat, als eine Holzlieferung vorübergehend mit meiner Erlaubnis neben meinem Grundstück abgelegt wurde, bevor sie in das eigentliche Lager einsortiert werden konnte. Diese Situation war jedoch einmalig. An jenem Tag setzte gerade Tauwetter ein. Deshalb waren die Zufahrtswege zum Lager nicht befahrbar. Ich würde nach wie vor gern mein Wochenendhaus bei Ihnen versichern. Bitte machen Sie mir ein neues Angebot.

Mit freundlichem Gruß

Man kennt das: Versicherung hier, Versicherung da, die private Buchführung gerät in Unordnung. Die Versicherungsgesellschaften geben Ihnen gern jederzeit einen Überblick über die laufenden Versicherungen und über die Kontenstände.

Bitte um Überblick über die Kontenstände

Meine Versicherungen

Sehr geehrte Damen und Herren,

bitte senden Sie mir einen Auszug über alle meine Versicherungen und über die derzeitigen Außenstände.
Ich möchte diesen Beleg auch als Nachweis für geleistete Zahlungen mit der Steuererklärung beim Finanzamt einreichen.

Mit freundlichem Gruß

Versicherungspolicen können schon einmal verlorengehen. Zum Beispiel, wenn man umzieht. Man kann aber ohne Schwierigkeiten eine Ersatzpolice beantragen, wenn man mit dem Antrag eine eidesstattliche Erklärung über den Verlust der Versicherungspolice abgibt.

Verlust des Versicherungsscheines

>Lebensversicherung Nr. ....
>Verlust des Versicherungsscheines
>
>Sehr gehrte Damen und Herren,
>
>ich erkläre an Eides Statt, daß mir bei meinem Umzug Ende des vergangenen Monats der Versicherungsschein zu meiner Lebensversicherung verlorengegangen ist.
>Bitte senden Sie mir eine Ersatzpolice.
>Darf ich Sie auch um den Besuch eines Ihrer Außendienstmitarbeiter bitten? Ich habe ein Einfamilienhaus bezogen und möchte meine gesamten Versicherungen in diesem Zusammenhang überprüfen.
>
>Mit freundlichem Gruß

Aus irgendwelchen Gründen ist eine Zahlung verlorengegangen oder bei der Versicherungsgesellschaft nicht richtig gebucht worden.

Einspruch gegen Mahnung

>Versicherungsschein-Nummer 1234567
>Ihre Mahnung vom 12. 04. ..
>
>Sehr geehrte Damen und Herren,
>
>Ihre Mahnung ist nicht gerechtfertigt, denn ich habe die fällige Prämie pünktlich am 20.02... bezahlt. Als Beweis lege ich die Fotokopie des Einzahlungsbeleges bei.
>Bitte prüfen Sie in Ihrem Hause, wo der Betrag geblieben ist.
>
>Mit freundlichen Grüßen

Im folgenden Brief ist genau das Gegenteil der Fall. Ihre Bank hat einen Dauerauftrag in alter Form ausgeführt, obwohl sich die Prämie für Ihre Kfz-Versicherung vermindert hat. Das Versehen haben Sie mit Ihrer Bank bereits geklärt; nun muß die Versicherungsgesellschaft noch informiert werden.

Bitte um Gutschrift einer überbezahlten Prämie

> Kfz-Versicherung Nr. 1234567
> Meine Zahlung vom 29. 04. ...
>
> Sehr geehrte Damen und Herren,
>
> ich habe nicht berücksichtigt, daß ich jetzt in einer günstigeren Versicherungsklasse bin. Deshalb habe ich Ihnen per Dauerauftrag noch den früheren Betrag überwiesen. Bitte schreiben Sie mir den überbezahlten Betrag für das nächste Jahr gut.
> Bitte senden Sie mir ein Formular zur Teilnahme am Lastschriftverfahren, damit Fehler dieser Art in Zukunft nicht mehr passieren können.
>
> Mit freundlichem Gruß

Versicherungsverträge sind gewöhnlich auf eine bestimmte Laufzeit festgelegt. Nur am Ende der Festlegungszeit kann ein Versicherungsvertrag gekündigt werden.

Kündigung

> Hausratversicherung-Nr. . . .
> Kündigung
>
> Sehr geehrte Damen und Herren,
>
> laut Vertrag endet der Versicherungsschutz für meinen Hausrat am 30. 12. ... Ich möchte den Vertrag nicht verlängern und kündige deshalb zu diesem Termin.
>
> Mit freundlichem Gruß

Briefe an Krankenversicherungen

Es gibt immer wieder einmal Schwierigkeiten, wenn die Krankenversicherungsprämie berechnet wird. In besonderen Fällen können die Versicherungen nämlich Zuschläge für ein erhöhtes Risiko verlangen.

Bei Unklarheiten sollte man auf jeden Fall nachfragen und nicht ohne weiteres jeden von einer Versicherungsgesellschaft vorgeschlagenen Zuschlag akzeptieren.

Risikozuschlag zur Krankenversicherung

> Mein Antrag vom 06. 02. ..,
> Ihr Schreiben vom 10. 02. .. ls.po
>
> Sehr geehrte Damen und Herren,
>
> Sie sprechen in Ihrem Angebot von einem Risikozuschlag. Ist er auf meine Magenoperation vor 1½ Jahren zurückzuführen?
>
> Mit freundlichem Gruß

Die Versicherungsgesellschaft antwortet, daß die Vermutung des künftigen Versicherungsnehmers zutrifft. Nachdem er die Angebote von anderen Versicherungsgesellschaften geprüft hat, entscheidet er sich schließlich, den Risikozuschlag zu akzeptieren.

Akzept des Risikozuschlages

> Risikozuschlag zum Antrag auf Krankenversicherung vom 06. 02. ..
>
> Sehr geehrte Damen und Herren,
>
> die Höhe des Risikozuschlags hat mich zunächst etwas erstaunt. Verschiedene Fachleute haben mir aber bestätigt, daß ein solcher Zuschlag durchaus üblich sei. Ich bin deshalb mit Ihrem Angebot einverstanden. Bitte senden Sie mir einen Versicherungsschein.
> Im übrigen möchte ich mich noch bedanken für Ihre Bereitschaft, das Risiko nach 5 Jahren erneut zu prüfen. Ich werde dann den von Ihnen gewünschten Untersuchungsbericht eines Internisten vorlegen.
>
> Mit freundlichen Grüßen

Die Kinder sind flügge geworden. Mutter kehrt wieder in den erlernten Beruf zurück und wird natürlich krankenversicherungspflichtig. Die bestehende Familienversicherung muß deshalb abgewandelt werden.

Ehefrau scheidet aus Familienversicherung aus

Walter Hanstein   Hauptstraße 44
                                                   3201 Himmelsthür

---

Gesetzliche Krankenversicherung
Geschäftsstelle Hildesheim
Sternstraße 22

3200 Hildesheim   27. 03. ..

Mitglieds-Nummer . . .

Sehr geehrte Damen und Herren,

seit dem 01. 04. .. ist meine Frau, Maria Hanstein, wieder berufstätig. Bitte streichen Sie deshalb von diesem Tag an die Familienversicherung. Meine Frau hat sich bereits bei Ihrer Gesellschaft versichert.

Mit freundlichen Grüßen Walter Hanstein

Walter Hanstein wird nun in eine andere Versicherungsklasse versetzt. Nach der ersten Beitragsrechnung muß er aber feststellen, daß immer noch der höhere Betrag abgebucht wird. Daran ändert sich auch nach der dritten und vierten Abrechnung nichts.

Einspruch gegen erhöhte Prämie

Walter Hanstein   Hauptstraße 44
                                                   3201 Himmelsthür

---

Gesetzliche Krankenversicherung
Geschäftsstelle Hildesheim
Sternstraße 22

3200 Hildesheim   04. 07. ..

Mitglieds-Nummer . . .
Änderung meiner Versicherungsklasse
Ihr Schreiben vom 15. 04. .., mein Schreiben vom 27. 03. ..

Sehr geehrte Frau Bosbacher,*

aufgrund meines Antrags bin ich in die Versicherungsklasse 320 versetzt worden. Damit bin ich einverstanden. Warum werden aber immer noch 187 DM anstelle von 169 DM von meinem Konto abgebucht?
Bitte klären Sie die Angelegenheit. Kopien der Abbuchungsbelege füge ich bei.

Mit freundlichem Gruß
Walter Hanstein

Private Krankenversicherungen »verordnen« neuen Versicherungsnehmern meist zunächst eine Wartezeit. Das ist eine Zeit, in der der Versicherungsnehmer zwar Beitrag zahlt, die Versicherung aber im Schadenfall nicht verpflichtet ist, eine Leistung zu erbringen. Wenn Sie allerdings freiwilliges Mitglied der gesetzlichen Krankenversicherung sind und in die private Krankenversicherung wechseln wollen, dann können diese Wartezeiten entfallen.

Kündigung der gesetzlichen Krankenversicherung wegen Übertritt in die private Krankenversicherung

Krankenversicherung-Nr. . . .
Kündigung

Sehr geehrte Damen und Herren,

ich beabsichtige in die private Krankenversicherung zu wechseln. Deshalb kündige ich meine Mitgliedschaft zum nächstmöglichen Termin.
Bitte bestätigen Sie, daß ich bis zum Kündigungstermin Mitglied bei Ihnen gewesen bin. Ich brauche diese Bestätigung für die private Krankenversicherung, damit dort die Wartezeit entfällt.

Mit freundlichem Gruß

---

*Den Brief der Versicherung hatte Frau Bosbacher unterschrieben. Also wendet sich Walter Hanstein direkt an sie.

Vater hat die gesamte Familie privat krankenversichert. Der älteste Sohn hat nun seine Schulzeit beendet und nimmt seine erste Stellung an.

Kündigung eines Mitversicherten

> Versicherungsschein-Nr. . . .
> Unternummer 06, Erwin Groher
>
> Sehr geehrte Damen und Herren,
>
> mein Sohn Erwin hat seine Schulzeit beendet. Ab 01.10. ist er als Auszubildender bei der Fa. Mayer KG, Köln, tätig. Von dieser Zeit an ist er pflichtversichert. Eine Bestätigung des zukünftigen Arbeitgebers füge ich bei.
> Bitte streichen Sie ihn deshalb als voll mitversicherte Person. Ich möchte jedoch für ihn eine Zusatzversicherung für die Krankenhausbehandlung beibehalten. In den Versicherungsschutz sollen die Unterbringung in einem Zweibettzimmer und die privatärztliche Behandlung im Krankenhaus eingeschlossen sein.
> Bitte ändern Sie Ihre Unterlagen, und senden Sie mir einen neuen Versicherungsschein.
>
> Mit freundlichem Gruß

Die privaten Krankenversicherungen berechnen die Versicherungsbeiträge nach dem Eintrittsalter des Versicherten. Zwei gleichaltrige Menschen können also durchaus unterschiedliche Beiträge zahlen, wenn der eine bereits als 20jähriger einen Versicherungsvertrag geschlossen hat, während der andere erst als 35jähriger in die private Krankenversicherung übergegangen ist.
Im vorliegenden Fall will ein Arbeitgeber einen Mitarbeiter für zwei Jahre in eine Niederlassung der Firma ins Ausland schicken. Der Arbeitgeber sichert seinen Mitarbeiter so ab, daß er für diese Zeit die Krankenversicherung nicht benötigt. Der Versicherungsvertrag besteht jedoch schon 15 Jahre, und die laufenden Beiträge entsprechen dem damaligen Eintrittsalter. Wenn der Mitarbeiter seine Versicherung aufgäbe und nach zwei Jahren neu abschlösse, müßte er dann eine erheblich höhere Prämie bezahlen, weil das neue Eintrittsalter Grundlage der Prämienberechnung wäre.

Antrag auf »ruhende Mitgliedschaft«

>Krankenversicherung Nummer...
>
>Sehr geehrte Damen und Herren,
>
>mein Arbeitgeber schickt mich für zwei Jahre ins Ausland. Für diese Zeit übernimmt er das Krankheitskostenrisiko. Einerseits möchte ich den Krankenversicherungsschutz nicht aufgeben, andererseits aber sehe ich nicht ein, warum ich den vollen Betrag zahlen sollte, obwohl ich Ihre Gesellschaft mit Sicherheit nicht in Anspruch nehmen werde. Gibt es eine Möglichkeit, die Versicherung ruhen zu lassen? Und welchen Prozentsatz des Beitrages müßte ich dann zahlen? Nach meiner Rückkehr möchte ich mich natürlich bei Ihnen weiter versichern. Bitte geben Sie mir bald Antwort, weil ich bereits in 2 Wochen reisen muß.
>
>Mit freundlichem Gruß

Briefe an Sachversicherungen

Leitungswasserschaden

Die eingeschickte Rechnung wurde nur zu 80% reguliert, obwohl die Hausratversicherung als Neuwertversicherung abgeschlossen wurde.

Einspruch gegen Schadenabrechnung

>Hausratversicherung Nummer...
>Schadenregulierung vom 27. 09. ..
>
>Sehr geehrte Damen und Herren,
>
>seit meinem Versicherungsabschluß bei Ihnen habe ich mir keine neuen Gegenstände zu meinem Hausrat angeschafft. Der Wert meines Hausrates entspricht also noch dem, den er bei Abschluß des Vertrages hatte. Bitte erklären Sie mir deshalb die Differenz zwischen Rechnungsbetrag und Regulierungsbetrag. Ich bin nicht bereit, einen Abzug hinzuneh-

men, zumal ich die Hausratversicherung ausdrücklich als Neuwertversicherung abgeschlossen habe.
Ich bitte um baldigen Bescheid.

Mit freundlichem Gruß

Die Versicherung reagiert ablehnend. In diesem Fall steht dem Versicherungsnehmer ein außerordentliches Kündigungsrecht zu.

Außerordentliche Kündigung

Versicherungsschein-Nummer...
Außerordentliche Kündigung

Sehr geehrte Damen und Herren,

leider sind Sie, trotz meines Briefes und unseres Telefongespräches, nicht bereit, den Schaden in voller Höhe zu regulieren. Sie werden sicher verstehen, daß mein Vertrauen in Ihre Gesellschaft geschwunden ist.
Ich nehme deshalb das Recht auf außerordentliche Kündigung in Anspruch und bitte, den Vertrag mit sofortiger Wirkung aufzuheben.

Mit freundlichem Gruß

Zwei Schadenanzeigen nach Verkehrsunfall

| Otto Wolters | Kurfürstenstraße 17 |
| | 1000 Berlin 50 |

XYZ-Versicherung
K-Schaden
Postfach

1000 Berlin 1   27.04...

Schadenanzeige
Versicherungsschein-Nummer 123456/..
B – CP 82

Schadentag: 25. 04. ..., 19.00 Uhr
Schadenort: Kurfürstendamm, Ecke Königstr.

Geschädigter: Walter Brockenmüller,
Im Asemwald 52 A 117,
7000 Stuttgart,
versichert bei ZXY-Versicherung,
Postfach, 7000 Stuttgart,
Versicherungsschein-
Nummer K-21 -197669-70-2

Schadenhöhe: ca. 2500 DM

Schadenhergang:
Ich fuhr mit meinem Wagen in Richtung »Hohlen Zahn«. Die Geschwindigkeitsanlage hatte »Grün bei 50« angezeigt. Da sowohl mein Vordermann als auch ich die vorherige Ampel bei Grün überquert hatten, rechnete ich damit, daß bei zügiger Fahrweise auch die Ampel Königstraße leicht bei Grün überquert werden konnte. Aus mir unerfindlichen Gründen bremste der Geschädigte jedoch plötzlich, obwohl die Ampel Grün zeigte und an dieser Stelle absolutes Halteverbot ist. Ich war davon so überrascht, daß ich nicht mehr rechtzeitig reagieren konnte und auf das Fahrzeug des Geschädigten auffuhr.

Otto Wolters

Viele Versicherungsnehmer wissen nicht, daß sie auch dann eine Schadenanzeige an ihre Versicherung geben müssen, wenn sie selbst geschädigt worden sind.

In diesem Fall würde Herr Brockenmüller die Schadenanzeige etwa so abfassen:

Walter Brockenmüller   Im Asemwald 52 A 117
                                        7000 Stuttgart

ZXY-Versicherung
K-Schaden
Postfach

7000 Stuttgart   27. 04. ..

Schadenanzeige
Versicherungsschein-Nummer K-21 -197669-70-2
PKW S-SL 25

Schadentag: 25. 04. ..., 19.00 Uhr
Schadenort: Berlin, Kurfürstendamm/Ecke Königstr.
Unfallgegner: Herr Otto Wolters, Kurfürstenstr. 17, 1000 Berlin 50, versichert bei XYZ-Versicherung, Postfach, 1000 Berlin 1

Schadenschilderung:
Ich kenne mich in Berlin nicht aus. Am Tag des Unfalls suchte ich die Königstraße, von der ich wußte, daß sie eine Querstraße des Kurfürstendammes ist. So hatte ich mich rechts in den fließenden Verkehr eingeordnet. Als ich das Straßenschild »Königstraße« entdeckte, bremste ich und schaltete den Fahrtrichtungsanzeiger nach rechts ein. In diesem Augenblick fuhr mein Unfallgegner mit erheblicher Geschwindigkeit auf mein Fahrzeug auf. Der Schaden an meinem Wagen wird, grob geschätzt, 2000 DM betragen. Eine Skizze des Unfallhergangs und drei Fotos, die die Beschädigung an meinem Fahrzeug zeigen, füge ich bei.

Mit freundlichem Gruß
Walter Brockenmüller

Und nun ein Beschwerdebrief an eine Versicherung. Folgendes hat sich ereignet: Auf der Autobahn war es zu einem Stau gekommen. Ingo Petermann hatte rechtzeitig gehalten, ein anderes Fahrzeug aber fuhr auf seinen Wagen auf und schob ihn zu allem Überfluß auf das Auto des Vordermanns. Für Ingo Petermann und den Fahrer des Wagens vor ihm war dieser Unfall ein »unabwendbares Ereignis« im Sinne des § 17 Versicherungsvertragsgesetz (VVG). Die beteiligten Versicherungsgesellschaften können sich jedoch nicht einigen, wer welchen Schaden zu bezahlen hat. Nach mehreren Mahnungen schreibt Ingo Petermann an den Vorstand der Versicherungsgesellschaft des Unfallgegners, also des Mannes, der auf sein Fahrzeug aufgefahren ist. Den Namen des Vorstandsvorsitzenden hat er aus dem Briefbogen der betreffenden Versicherungsgesellschaft entnommen. Er stand in der Fußleiste des Geschäftsbriefbogens neben anderen rechtlichen Angaben zur Versicherungsgesellschaft.

»Geharnischte« Beschwerde

Ingo Petermann Oberkasseler Straße 426
4000 Düsseldorf

Herrn Dr. Hermann Junck 21. 06. ...
XYZ-Versicherung AG
Postfach

8000 München

Schaden Nummer...
Auffahrunfall auf der Autobahn am 14. 03. ...

Sehr geehrter Herr Dr. Junck,

mir ist nicht ganz klar, wie Sie und Ihre Gesellschaft für den Versicherungsgedanken werben wollen. Der Unfall ereignete sich vor nun bereits drei Monaten. Eine Woche später habe ich Ihnen das Gutachten eines Sachverständigen über die voraussichtlichen Kosten an meinem Fahrzeug geschickt. Um nicht unnötig Leihwagengebühren beanspruchen zu müssen, habe ich den Wagen sofort reparieren lassen. Die Rechnung liegt Ihrer Schadenabteilung vor.

Obwohl ich Ihre Schadenabteilung mehrmals angerufen habe, hat sie mir bis heute keinen Pfennig meiner Reparaturkosten erstattet. Ich habe folgende Forderungen:

Rechnung für die Reparatur	834,77 DM
zuzüglich 1% Zinsen/Monat	
für drei Monate	25,05 DM
	859,81 DM

Bitte überweisen Sie das Geld bis zum 04. 07. .. auf eines meiner Konten. Sollte das Geld bis zu diesem Termin nicht bei mir sein, werde ich eine Beschwerde an das Bundesaufsichtsamt für das Versicherungswesen einreichen. Das ist aber sicherlich nicht in Ihrem Interesse.

Mit freundlichem Gruß
Ingo Petermann

Für einen Neuwagen sollte man eine Vollkaskoversicherung abschließen, weil sie auch die Schäden am eigenen Fahrzeug ersetzt, die durch eigenes Verschulden entstanden sind. Vollkaskoversicherungen sind natürlich teuer, und sie werden deshalb in den meisten Fällen nach einem Jahr gekündigt, während der gesamte übrige Versicherungsschutz erhalten bleiben soll.

Umwandlung der Vollkaskoversicherung in eine Teilkaskoversicherung

> Kündigung der Vollkaskoversicherung
> Kraftverkehrsversicherung Nummer...
>
> Sehr geehrte Damen und Herren,
>
> bitte streichen Sie zum nächstmöglichen Termin die Vollkaskoversicherung für mein Fahrzeug, polizeiliches Kennzeichen BK-CP 82. Statt der Vollkaskoversicherung möchte ich eine Teilkaskoversicherung abschließen. Bitte ändern Sie den Versicherungsvertrag.
>
> Mit freundlichem Gruß
> Erika Rusin

Das polizeiliche Kennzeichen sollte immer dann angegeben werden, wenn auf einem Versicherungsvertrag mehrere Kraftfahrzeuge versichert sind (z. B. der Zweitwagen der Ehefrau).

Ein recht heikles Kapitel können Sturmschäden sein. In einigen Fällen muß der Versicherungsnehmer nämlich nachweisen können, daß der Schaden tatsächlich durch einen Sturm (im Versicherungsdeutsch: »Eine wetterbedingte Luftbewegung von mindestens Windstärke 8 ...«) entstanden ist.
In der Regel geben sich die Versicherer als Beweis für einen Sturm mit einem Zeitungsausschnitt zufrieden, wenn in ihm ähnliche Schäden in der unmittelbaren Umgebung des Schadenortes beschrieben sind. Im Zweifelsfall sollte man sich am Tag nach einem Sturm die Tageszeitung kaufen und Notizen ausschneiden.
Besonders gern sehen es die Versicherungsunternehmen, wenn sie mit der Schadenmeldung einige Fotos vom Ausmaß des Schadens erhalten. Die Schadenmeldung muß der Versicherte unverzüglich (das ist innerhalb von 3 Tagen) abgeben.
Der Versicherte hat alles zu tun, um einen Schaden so gering wie möglich zu halten, auch wenn durch das Bemühen des Versicherten ein noch größerer Schaden entsteht.

Schadenanzeige – Sturmschaden

Watzlaf Müllermann　　　　　　　　　Rheydter Allee 17
　　　　　　　　　　　　　　　　　　4000 Düsseldorf

XYZ-Versicherung AG　　　　　　　12. 02. ..
Postfach 2345678

4000 Düsseldorf

Versicherungsschein Nummer 19.985766.00.12.76
Sturmschaden, Schadentag: 03. 02. ..

Sehr geehrte Damen und Herren,

der Sturm von gestern nacht hat an unserem Haus beträchtliche Schäden verursacht. Das Dach wurde teilweise abgedeckt, herabfallende Ziegel zerstörten die Glasabdeckung der Veranda im Erdgeschoß.
Um den Schaden nicht noch größer werden zu lassen, habe ich mir von der Speditionsfirma Severin KG einige Abdeckplanen geliehen. Die Planen hielten dem Sturm jedoch nicht stand und sind zerrissen. Die Firma Severin wird von mir Ersatz fordern. Der Schätzwert der Planen liegt bei 2000 DM. Inzwischen habe ich einen Dachdecker und einen Glaser mit der Reparatur beauftragt. Die Reparaturkosten werden etwa 10000 DM betragen. Die Rechnungen werde ich Ihnen, sobald ich sie habe, schicken. Ich erwarte dann Ihre Regulierung.
Diesem Brief füge ich einige Zeitungsausschnitte der Regionalpresse und sieben Fotos bei, die das Ausmaß des Schadens zeigen.

Mit freundlichem Gruß
Watzlaf Müllermann

Aus einer Haftpflichtversicherung können Rentenansprüche entstehen, wie das folgende Beispiel zeigt:

Rentenanspruch aus Haftpflichtversicherung

> Haftpflichtschaden Nummer...
> Ihr Versicherter, Herr Julius von Bergheim
>
> Sehr geehrte Damen und Herren,
>
> der Sohn Ihres Versicherungsnehmers, Heinrich von Bergheim, hat beim Spielen mit Pfeil und Bogen meinen Sohn Ulrich mit einem selbstgebastelten Pfeil getroffen, so daß mein Sohn ein Auge verlor.
> Ihr Angebot einer Kapitalentschädigung kann ich nicht annehmen. Ich würde einer späteren Entscheidung meines Sohnes über die Art seiner Ansprüche vorgreifen. Ich verlange deshalb eine lebenslange Rente nach den gesetzlichen Bestimmungen.
> Für den Fall, daß sich mein Sohn, sobald er volljährig ist, anders entscheidet, soll ihm die Forderung nach einer Kapitalentschädigung vorbehalten bleiben.
>
> Mit freundlichem Gruß Dieter Mies-Käse

Schreiben an Lebensversicherungen

Die Lebensversicherungsgesellschaft hat Ihnen mitgeteilt, daß der Versicherungsbetrag fällig ist.

Ablauf der Lebensversicherung

> Ablauf meiner Lebensversicherung Nr. ... zum 30. 06. ..
> Ihr Brief vom 15. 02. ..
>
> Sehr geehrte Damen und Herren,
>
> ich habe Ihrem Wunsch entsprochen und meinen Dauerauftrag zurückgezogen. Die noch offenen drei Prämien sollen von der Versicherungsleistung gekürzt werden. Bitte überweisen Sie die gesamte Summe auf folgendes Konto:
> XYZ-Bank AG, Postfach, 6000 Frankfurt, Bankleitzahl..., Konto-Nr. ....
> Der Versicherungsschein ist beigefügt.
>
> Mit freundlichem Gruß Heinz Reichler

Beim Abschluß Ihrer Lebensversicherung haben Sie Ihre Eltern als bezugsberechtigte Personen eintragen lassen. Inzwischen haben Sie geheiratet und möchten, daß Ihre Frau die Versicherungssumme im Fall eines vorzeitigen Todes erhalten soll.

Änderung des Bezugsberechtigten

>Versicherungsschein-Nr. . . .
>Änderung des Bezugsberechtigten
>
>Sehr geehrte Damen und Herren,
>
>ich habe geheiratet und möchte deshalb das Bezugsrecht aus meiner Lebensversicherung auf meine Frau, Maritta Placke, geboren am 12. 03. .., übertragen.
>Bitte ändern Sie Ihre Unterlagen.
>
>Mit freundlichem Gruß
>Ottwin Placke

Sie können die Prämie für Ihre Lebensversicherung nicht mehr zahlen. Obwohl Sie sich darüber im klaren sind, daß Sie gegenüber den bisher gezahlten Prämien einen empfindlichen Verlust hinnehmen müssen, wollen Sie Ihre Lebensversicherung zurückkaufen.

Rückkauf der Lebensversicherung

>Lebensversicherung-Nr. . . .
>Rückkauf
>
>Sehr geehrte Damen und Herren,
>
>ich bin mir darüber klar, daß mir der vorzeitige Rückkauf meiner Lebensversicherung Nachteile bringt. Dennoch bleibt mir keine andere Wahl, als den Versicherungsschutz aufzugeben.
>Bitte überweisen Sie deshalb den Rückkaufswert der Lebensversicherung auf mein Konto Nr. . . . bei der XYZ-Bank AG, Postfach, 8000 München, Bankleitzahl . . .
>
>Mit freundlichem Gruß
>Michael Keller

Im folgenden Beispiel sieht der Versicherungsnehmer nicht ein, warum er mehr zahlen soll.

Einspruch gegen Risikozuschlag

> Risikozuschlag zum Antrag auf Lebensversicherung
> vom 20. 04. ...
>
> Sehr geehrte Damen und Herren,
>
> wegen meiner Nierenerkrankung verlangen Sie für die Annahme der Lebensversicherung über 20000 DM einen Risikozuschlag von 6%. Damit bin ich nicht einverstanden.
> Es ist richtig, daß ich vor 10 Jahren einen Nierenstein hatte, der aber spontan abgegangen ist. Seitdem war ich – ausgenommen einige Routineuntersuchungen – nicht mehr in ärztlicher Behandlung.
> Da ich alle meine übrigen Versicherungen bei Ihrer Gesellschaft abgeschlossen habe, hätte ich auch gern dieses Lebensversicherungsgeschäft mit Ihnen gemacht. Wenn Sie allerdings auf dem Risikozuschlag bestehen, können Sie meinen Antrag zu den Akten legen.
>
> Mit freundlichem Gruß
> Konrad Linzbach

Ein Versicherungsnehmer hat seine Lebensversicherung auf das 65. Lebensjahr abgeschlossen. Das erscheint ihm nun nicht mehr das Wahre. Er möchte sich mit sechzig zur Ruhe setzen und die Laufzeit der Versicherung entsprechend abkürzen.

Abkürzung der Laufzeit

> Lebensversicherung Nummer ...
> Zuzahlung
>
> Sehr geehrte Damen und Herren,
>
> ich möchte die Laufzeit meiner Lebensversicherung um fünf Jahre abkürzen. Bitte rechnen Sie mir aus, welche Zuzahlung ich dafür zu leisten hätte:
> 1. wenn ich den Betrag sofort in einer Summe entrichte
> 2. wenn ich im Laufe der nächsten drei Jahre jährlich eine Teilzahlung leiste.

Die Sache eilt. Aus steuerlichen Gründen möchte ich noch vor Jahresende wenigstens einen Teil der Zahlung leisten.

Mit freundlichem Gruß
Wolfgang Obrock

Ein Vater hatte für seinen Sohn eine Lebensversicherung abgeschlossen. Die Laufzeit war auf 20 Jahre festgesetzt.
Von diesen 20 Jahren sind inzwischen fünf Jahre vergangen, der Sohn ist volljährig geworden und hat eine Arbeitsstelle angenommen. Er möchte nun die Versicherung selber weiterführen. Der Vater – er ist ja immer noch Versicherungsnehmer – muß für seinen Sohn beantragen, daß die Versicherung umgeschrieben wird.

Änderung des Versicherten

> Lebensversicherung Nummer ...
> Änderung des Versicherungsnehmers
>
> Sehr geehrte Damen und Herren,
>
> mein Sohn ist inzwischen volljährig und möchte die Versicherung weiterführen. Bitte schreiben Sie die Police um.
> Die Einverständniserklärung meines Sohnes liegt bei.
>
> Mit freundlichem Gruß
> Paul Mittmann

Wer möchte nicht gern in seine eigenen vier Wände ziehen? Wenn das liebe Geld nicht wäre! Manche Lebensversicherungsgesellschaften vergeben Hypotheken, die sowohl im Zinssatz als auch im Auszahlungskurs günstiger sind als Hypotheken normaler Hypothekenbanken.

Antrag auf Hypothek aus Lebensversicherung

> Hypothekenantrag
>
> Sehr geehrte Damen und Herren,
>
> durch einen Bekannten erfuhr ich, daß Sie Hypotheken an Bauwillige vergeben. Ich suche für den Bau meines Einfamilienhauses in Dansweiler eine erste Hypothek über 75000 DM

zu möglichst günstigen Bedingungen. Selbstverständlich bin ich gern bereit, über diesen Betrag eine Lebensversicherung abzuschließen. Besteht die Möglichkeit, diese Lebensversicherung zur Tilgung der Hypothek zu verwenden? Ich könnte dann mindestens einen Teil der Rückzahlung als Sonderausgaben von der Steuer absetzen. Bitte machen Sie mir ein Angebot. Sie können mich auch wegen eines Termins anrufen.

Mit freundlichem Gruß
Werner Barth

In diesem Brief müßte der Briefschreiber seine Telefonnummer angeben.

Lebensversicherungen können beliehen oder vorzeitig gekündigt werden. Eine Lebensversicherung zu beleihen kann in bestimmten Fällen recht lukrativ sein.

Antrag auf Beleihung, Kündigung der Lebensversicherung

Lebensversicherung Nummer ...
Kündigung

Sehr geehrte Damen und Herren,

auf meinen Antrag von 19.. hin erhielt ich heute von der BfA in Berlin den Bescheid, daß ich berechtigt bin, Nachzahlungen zur Angestelltenversicherung zu leisten. Die erste Rate dazu ist am 17. 05. fällig.
Leider habe ich im Augenblick nicht das nötige Bargeld. Deshalb möchte ich bei meiner Bank ein Darlehen aufnehmen. Die Rückzahlungen werden aber voraussichtlich so hoch sein, daß ich nicht gleichzeitig meine Lebensversicherungsprämien zahlen kann. Ich kündige deshalb die Versicherung zum Ablauf des Versicherungsjahres.

Mit freundlichem Gruß
Karl-Heinz Schnur

Als Antwort auf die Kündigung bietet die Versicherungsgesellschaft eine Vorauszahlung auf die Lebensversicherungssumme an.

Anfrage nach Beleihungssumme

>Lebensversicherung Nummer...
>Ihr Angebot vom 12. 05. ...
>
>Sehr geehrte Damen und Herren,
>
>welchen Betrag können Sie mir als Beleihung auf meine Lebensversicherung zur Verfügung stellen? Welche Zinsen muß ich auf diesen Betrag jährlich zahlen?
>
>Mit freundlichem Gruß
>Karl-Heinz Schnur

Die Vorauszahlung kann später von der Versicherungsleistung gekürzt werden. Allerdings muß der Versicherungsnehmer ständig Zinsen für die Vorauszahlung zahlen.
Eine andere Möglichkeit wäre, die Versicherung »prämienfrei« zu stellen. Das bedeutet, daß keine weiteren Prämien gezahlt werden müßten. Die Versicherungssumme wird allerdings entsprechend den ausgefallenen Zahlungen vermindert.

Antrag auf »Prämienfreistellung«

>Lebensversicherung Nummer...
>Prämienfreistellung
>
>Sehr geehrte Damen und Herren,
>
>meine Bank hat mir ein Darlehen angeboten, das für mich günstiger ist als Ihr Angebot auf Vorauszahlung. Deshalb möchte ich, um den Versicherungsschutz nicht ganz zu verlieren, die Versicherung ab sofort prämienfrei weiterführen. Bitte ändern Sie Ihre Unterlagen.
>
>Mit freundlichem Gruß

Das Finanzamt verlangt eine Vermögenssteuererklärung. In diese Erklärung gehören auch Angaben zu bestehenden Lebensversicherungen, wobei entweder der Rückkaufswert angegeben werden muß oder der Betrag, der einem Drittel der bisher gezahlten Prämien entspricht. Maßgebend ist der jeweils niedrigere Wert.

Bitte um Angabe des Rückkaufswertes

>Lebensversicherung Nummer ...
>Vermögenssteuerwerte
>
>Sehr geehrte Damen und Herren,
>
>zum 31. 12. .. verlangt das Finanzamt von mir eine Vermögenssteuererklärung. Dazu benötige ich dringend den entsprechenden Wert meiner Lebensversicherung.
>
>Mit freundlichem Gruß

Briefe an Behörden

Änderung des Abnehmers

>Oswald Pütz   Adenauer Weg 17
>   3000 Hannover
>
>   25.08. ..
>
>Stadtwerke Hannover
>Versorgungs- und Verkehrsbetriebe
>Postfach
>
>3000 Hannover
>
>Abnehmer-Nummer 11117/010411
>Hans Pütz, Gutbrotweg 9, 3000 Hannover
>
>Sehr geehrte Damen und Herren,
>
>der Abnehmer, mein Vater Hans Pütz, ist am 20. 08. .. gestorben. Ich verwalte den Nachlaß und bitte Sie deshalb, künftig Rechnungen an mich zu schicken und den Schriftverkehr direkt mit mir zu führen.
>Der Abbuchungsauftrag kann bestehen bleiben. Allerdings müßte ich als Abnehmer eingesetzt werden.
>
>Mit freundlichen Grüßen
>Oswald Pütz

Anfrage an das Elektrizitätswerk

Heinz Schorn
In der Freiheit 1
5010 Bergheim

RWE AG
Postfach

5160 Düren

13.04. ...

Zählernummer 1234567
Anfrage

Sehr geehrte Damen und Herren,

seit etwa vier Monaten steigen meine Stromrechnungen unverhältnismäßig. Das irritiert mich, weil ich in den letzten Monaten keine neuen Elektrogeräte angeschlossen habe. Der Stromverbrauch müßte jetzt eher sinken, da es ja Sommer wird.
Kann man prüfen, worauf der hohe Stromverbrauch zurückzuführen ist? Vielleicht ist ein Zuleitungskabel defekt, und es entstehen Schleichströme, die ich nicht kontrollieren kann.
Für Ihre Mühe danke ich Ihnen im voraus.

Mit freundlichem Gruß
Heinz Schorn

Anzeige wegen unterlassener Hilfeleistung

Polizeipräsident der Stadt Köln
Postfach

5000 Köln 1

Anzeige wegen unterlassener Hilfeleistung
gegen den Fahrer des grünen Opel Rekords mit dem polizeilichen Kennzeichen K–QX 131.

Am Dienstag, dem 26. 06., gegen Mitternacht, hatte ich auf der Aachener Landstraße zwischen Weiden und Königsdorf einen schweren Verkehrsunfall. Ich war auf vereister Fahrbahn mit meinem Wagen von der Straße abgekommen und gegen einen Baum geprallt. Mein Schwager, Herr Walter

Brok, saß auf dem Beifahrersitz. Er wurde bei dem Unfall schwer verletzt. Da ich nur leichte Verletzungen hatte, konnte ich mich aus dem Wagen befreien und Herrn Brok Erste Hilfe leisten. Danach versuchte ich, einen nahenden Wagen anzuhalten und den Fahrer um Hilfe zu bitten.
Obwohl ich auf der Fahrbahn stand und eindeutige Zeichen gegeben habe, fuhr der Wagen vorbei. Der Fahrer muß mich gesehen haben, denn er wich auf die andere Fahrbahnseite aus.
Es dauerte etwa eine Viertelstunde, bis der nächste Wagen kam und auch anhielt. Der Fahrer dieses Wagens, Herr Werner Weber, Große Freiheit 29, 5010 Bergheim, alarmierte auf mein Bitten hin die Polizei und einen Krankenwagen. Beide trafen in kurzen Abständen, ca. 25 Minuten nach dem Unfall, an der Unglücksstelle ein. Mein Schwager wurde sofort in ein Krankenhaus eingeliefert, hatte aber schon so viel Blut verloren, daß er wenig später starb.
Nach Auskunft des behandelnden Unfallarztes, Herrn Dr. Schneider, Universitätsklinik Köln, hätte das Leben meines Schwagers durch frühere Hilfeleistung gerettet werden können.

Einspruch gegen Bußgeldbescheid

Heinz Müller
Rosenweg 14
5000 Köln 41

Stadt Köln
Amt für öffentliche Ordnung
5000 Köln 1

23. 09. ..

Bußgeldbescheid vom 12. 09. ..

Gegen diesen Bußgeldbescheid lege ich Einspruch ein. Zum Zeitpunkt der angeblichen Verkehrsübertretung war ich auf einer Konferenz in München. Als Beweis lege ich eine Liste mit Namen und Anschriften der Teilnehmer bei. Sie kennen mich alle persönlich und werden Ihnen sicherlich meine Anwesenheit in München bestätigen.
Meinen Wagen hatte ich beim Servicedienst der Tankstelle auf dem Flughafen von Köln abgestellt.

Eine Kopie der Rechnung über die Servicedienste füge ich als weiteren Beweis bei.

Zu einer mündlichen Aussage stehe ich Ihnen selbstverständlich gern zur Verfügung.

Heinz Müller

Briefe an Banken und Bausparkassen

Weiterführung eines Bausparvertrages nach Tod des Bausparers

Bausparkasse XYZ
Postfach

9110 Zdorf

Bausparvertrag-Nr. 2101316
Herr Josef Schröder

Sehr geehrte Damen und Herren,

wie Sie aus der beigefügten Todesanzeige ersehen können, ist Ihr Vertragspartner am 20. 08. .. gestorben. Erben sind mein Bruder, Herr Heinz-Achim Schröder, und ich (siehe Erbschein).

Noch wissen wir nicht, ob und wie wir den Vertrag weiterführen. Ich würde mich deshalb gern einmal mit einem Ihrer Mitarbeiter darüber unterhalten. Bitte rufen Sie mich wegen eines Termins an.

Mit freundlichem Gruß

Änderung der Kontonummer
Abbuchungsaufträge

Abbuchungsermächtigung

Sehr geehrte Damen und Herren,

meine Kontonummer hat sich geändert. Bitte buchen Sie in Zukunft vom Konto Nummer 123456 bei der ZYX-Bank AG ab.

Mit freundlichem Gruß

Sperren von Schecks

Mehr und mehr wird der Scheck als Bargeldersatz anerkannt und gebraucht. Das hat im wesentlichen zwei Gründe:

1. Die Kreditinstitute haben sich verpflichtet, Euroschecks, die in Verbindung mit einer Scheckkarte ausgestellt werden, jeweils bis zu einer Höhe von 400 DM einzulösen.

2. Der Scheck bietet gegenüber dem Bargeld die Sicherheit, daß, geht einmal ein Scheckvordruck verloren, nicht auch gleichzeitig das Geld verloren ist. Man kann das Konto sofort sperren lassen, wenn man den Verlust des Scheckvordrucks bemerkt hat. In einem solchen Fall kann kein anderer über das Konto verfügen. Die Kreditinstitute empfehlen deshalb aus Sicherheitsgründen, die Scheckkarte getrennt von den Scheckvordrucken aufzubewahren.

Sperrung eines Kontos

Diethard Wallmann	Rosengasse 23
	5211 Au

DEF-Bank	17.02...
Zweigstelle Au	
Postfach	

5211 Au

Konto-Nummer 100327

Sehr geehrte Damen und Herren,

mein Scheckheft mit Euroscheckvordrucken ist verlorengegangen. Bitte sperren Sie bis auf weiteres mein Konto.

Mit freundlichem Gruß
Diethard Wallmann

Alle zwei Jahre teilt die Bank neue Scheckkarten aus, die persönlich bei der ausstellenden Bank abgeholt werden müssen.

Abholen der Scheckkarte

        Heinz Ertzu   Landstraße 22
        Helga Ertzu   7800 Freiburg

XZY-Bank AG   15. 12. ..
Alfredstraße 54

7800 Freiburg

Euroscheckkarte für 19..

Sehr geehrte Damen und Herren,

in der nächsten Zeit können wir nicht nach Freiburg kommen, weil wir an Hamburg gebunden sind. Wir möchten jedoch unsere Bankverbindung nicht ändern.
Bitte schicken Sie deshalb die Euroscheckkarten an Ihre Zweigstelle in Hamburg, St.-Pauli-Hof 49. Wir werden sie dort abholen und ordnungsgemäß unterschreiben.
Vielen Dank für Ihre Mühe.

Mit freundlichem Gruß
Heinz Ertzu
Helga Ertzu

Vollmacht

Ich bevollmächtige meine Ehefrau, Frau Gisela Müller, Wollweberweg 17, 6000 Frankfurt 61, von meinem Privatkonto Nr. . . . . 1000 DM abzuheben.
Frankfurt, 19. 04. ..

Bernhard Müller

Verträge und Briefe zu Verträgen

Kaufvertrag für einen Gebrauchtwagen

> Kaufvertrag
>
> Herr Willfried Busch, Talstraße 19, 7800 Freiburg, verkauft an Frau Irene Kempski, Schillerstraße 41, 7800 Freiburg, einen Gebrauchtwagen, VW Golf, Fahrgestell-Nr. ...
> Frau Kempski hat den Wagen besichtigt und probegefahren und dabei keine Mängel entdeckt. Damit sind weitere Gewährleistungsansprüche des Käufers ausgeschlossen.
> Frau Kempski übernimmt den Wagen am 26. 09. ... Übergabeort ist das Straßenverkehrsamt in Freiburg.
> Als Kaufpreis wurden 1200 DM vereinbart. Der Kaufpreis ist in voller Höhe bei Übergabe des Wagens in bar zu entrichten.
>
> Unterschrift des Käufers   Unterschrift des Verkäufers
>
> Irene Kempski   Willfried Busch
>
> Freiburg, 24. 09. ..

Ist Ihnen das nicht auch schon einmal so gegangen: Sie haben einen Vertrag geschlossen, und nachdem Sie noch einmal darüber geschlafen haben, möchten Sie am liebsten die Sache ungeschehen und den Vertrag rückgängig machen.

Grundsätzlich kann man nur dann vom Vertrag zurücktreten, wenn von vornherein ein Rücktrittsrecht vertraglich vereinbart worden ist (das kann bei jedem Vertrag geschehen) oder wenn es vom Gesetz ausdrücklich zugelassen ist (z. B. bei Ratenzahlungskäufen innerhalb von 7 Tagen).
Das Gesetz bietet die Möglichkeit, von einem Kaufvertrag zurückzutreten, wenn der Lieferant die Ware nicht rechtzeitig liefert. In unserem nächsten Beispiel hat der Kunde eine Wohnzimmereinrichtung gekauft, die spätestens am 30. April geliefert werden sollte. Als sie am 15. Mai noch nicht wie vereinbart im Wohnzimmer der Familie Kutsch steht, schreibt Herr Kutsch den folgenden Brief:

Rücktrittsandrohung wegen verspäteter Lieferung

Horst Kutsch	Mercatorplatz 29
	3000 Hannover

XYZ-Möbelhaus
Lindener Str. 3

3000 Hannover   15.05...

Sehr geehrte Damen und Herren,

am 15. 03. .. habe ich bei Ihnen eine Wohnzimmereinrichtung gekauft, die Sie bis spätestens 30. 04. liefern wollten. Bis heute ist allerdings weder die Wohnzimmergarnitur eingetroffen, noch haben Sie mir einen neuen Liefertermin mitgeteilt.
Ich setze Ihnen deshalb eine letzte Frist bis zum 30. 05. Nach dieser Frist werde ich die Annahme der Wohnzimmereinrichtung ablehnen.

Mit freundlichem Gruß
Horst Kutsch

Das XYZ-Möbelhaus hat auch den von Herrn Kutsch gesetzten Termin verstreichen lassen. Daraufhin schreibt Herr Kutsch seine Rücktrittserklärung.

Rücktritt wegen verspäteter Lieferung

Horst Kutsch	Mercatorplatz 29
	3000 Hannover

XYZ-Möbelhaus
Lindener Str. 3

3000 Hannover   01. 06. ..

Kaufvertrag vom 15. 03. .. über eine Wohnzimmereinrichtung
Mein Schreiben vom 15. 05. ..

Sehr geehrte Damen und Herren,

Sie haben die in meinem Schreiben genannte Frist für die Abnahme der Wohnzimmereinrichtung verstreichen lassen.

Ich mache deshalb von dem mir gesetzlich zustehenden Recht Gebrauch und trete von dem Kaufvertrag zurück.

Bitte zahlen Sie die von mir geleistete Anzahlung von 1 000 DM bis spätestens zum 15. 06. zurück. Sollte ich bis dahin nicht im Besitz des Geldes sein, werde ich gerichtliche Schritte gegen Sie einleiten.

Horst Kutsch

Rücktrittsklausel in einem Mietvertrag

Mietverträge werden normalerweise auf der Basis des deutschen Einheitsmietvertrages abgeschlossen. Der Einheitsmietvertrag sieht von vornherein keine Rücktrittsvorbehaltsklausel vor, jedoch kann er auf Wunsch des Mieters oder des Vermieters um eine solche Klausel erweitert werden.

Rücktrittsvorbehaltsklausel

Der Mieter behält sich vor, von diesem Mietvertrag innerhalb von 48 Stunden zurückzutreten.

Selbstverständlich kann diese Rücktrittsvorbehaltsklausel auch auf Wunsch des Vermieters in den Vertrag aufgenommen werden. Im zweiten Beispiel vereinbaren Mieter und Vermieter auf Wunsch des Mieters eine längere Rücktrittsfrist. Zusätzlich wird vereinbart, daß der Mieter dem Vermieter ein »Reuegeld« zu zahlen hat, wenn er vom Vertrag zurücktritt.

Rücktrittsvorbehaltsklausel mit Reuegeldvereinbarung

Der Mieter behält sich vor, von dem Mietvertrag innerhalb einer Frist von 14 Tagen zurückzutreten. Im Falle des Rücktritts zahlt der Mieter dem Vermieter ein Reuegeld von 350 DM.

Zusatz zum Mietvertrag

Falls die Wohnung nicht bis zum 30. 09. .. bezugsfertig ist, hat der Mieter das Recht, ohne Fristsetzung vom Mietvertrag zurückzutreten.

Rücktritt von einem Mietvertrag mit Rücktrittsklausel

Der Rücktritt von einem Vertrag muß gegenüber dem anderen Vertragspartner ausdrücklich erklärt werden. Die Rücktrittserklärung ist zwar nicht an eine bestimmte Form gebunden, doch sollte der Rücktritt im Interesse des Zurücktretenden durch einen eingeschriebenen Brief schriftlich ausgesprochen werden.

Rücktritt vom Mietvertrag

    Volker Hagen   Wallfahrtsweg 19
                                                         3400 Göttingen

---

Einschreiben

Herrn Fritz Masur
Lichtenhagenerweg 14
3400 Göttingen   29. 03. ...

Mietvertrag vom 26. 03. ...

Sehr geehrter Herr Masur,

wir haben in dem Mietvertrag ein Rücktrittsrecht innerhalb von 7 Tagen vereinbart. Ich mache von diesem Recht Gebrauch.
Diesem Brief liegt ein Verrechnungsscheck über 350 DM bei, mit dem ich das vereinbarte Reuegeld zahle.

Mit freundlichem Gruß
Volker Hagen

Unter Umständen kann man auch aus einem Mietvertrag wieder herauskommen, wenn ein bestimmter schwerwiegender Grund vorliegt. Man muß diesen Grund dem Vermieter plausibel machen. Natürlich sollte man sich so schnell wie möglich – am besten telefonisch oder persönlich – mit dem Vermieter in Verbindung setzen.

Rücktritt von einem Mietvertrag ohne Rücktrittsklausel

| Kurt Burger | Waldstraße 24 |
| Else Burger | 6720 Speyer |

Wohnungsgesellschaft Berg
Auf dem Berg 22

6270 Speyer   23. 10. ..

Unser Telefongespräch vom 23. 10. ..

Sehr geehrte Damen und Herren,

wie wir Ihnen schilderten, haben wir Gelegenheit, für einige Monate in die USA zu gehen. Bitte lösen Sie deshalb den von uns am 15. 10. .. unterschriebenen und von Ihnen noch nicht bestätigten Mietvertrag für die Wohnung 1107/2.
Inzwischen haben wir die volle Kaution und die Miete für November gezahlt. Bitte überweisen Sie diese Beträge auf unser Konto Nummer 11.87679-3 bei der XY-Bank AG, Speyer. Vielen Dank.

Mit freundlichem Gruß
Else Burger
Kurt Burger

Die Wohnungsgesellschaft erklärt sich mit dem Rücktritt einverstanden, aber nur, wenn die Familie Burger eine Miete zahlt. Diesen Betrag fordert die Gesellschaft an. Familie Burger ist damit einverstanden, macht aber die Wohnungsgesellschaft darauf aufmerksam, daß sie bereits viel mehr als nur eine Miete gezahlt hat. Burgers erwarten also einen Restbetrag, den die Wohnungsgesellschaft zu zahlen hat.

Rückforderung von zuviel gezahlter Miete

| Kurt Burger | Waldstraße 24 |
| Else Burger | 6720 Speyer |

Wohnungsgesellschaft Berg
Auf dem Berg 22

6720 Speyer 30.10...

Wohnung Nummer 1107/2, Ihr Schreiben vom 28. 10...

Sehr geehrte Damen und Herren,

Wir sind bereit, den von Ihnen geforderten Betrag zu übernehmen. Da wir Ihnen bisher schon 2 154 DM überwiesen haben, erwarten wir in den nächsten Tagen – nach Abzug der Miete für November – 1 422 DM auf einem unserer Konten.
Damit sind alle gegenseitigen Rechte und Pflichten aus dem Mietvertrag erloschen. Vielen Dank für Ihr Verständnis und Ihr Entgegenkommen.

Mit freundlichem Gruß
Else Burger
Kurt Burger

Die Wohnungsgesellschaft überweist den vereinbarten Betrag nicht sofort. Da die Abreise der Burgers unmittelbar bevorsteht, möchten Sie das Geld noch vorher haben.

Mahnung auf Rückforderung

Kurt Burger	Waldstraße 24
Else Burger	6720 Speyer

EINSCHREIBEN

Wohnungsgesellschaft Berg
Auf dem Berg 22

6720 Speyer   26. 11. ...

Wohnung Nummer 1 107/2, Ihr Schreiben vom 28. 10. ..,
Unsere Antwort vom 30. 10. ...

Sehr geehrte Damen und Herren,

wann können wir mit dem Restbetrag von 1422 DM rechnen? An sich hatten wir erwartet, daß Sie die Dinge nach der kulanten Regelung auch weiterhin korrekt handhaben würden.
In den nächsten Tagen wollen wir unseren geplanten Auslandsaufenthalt antreten. Deshalb erwarten wir Ihre Überweisung bis spätestens 10. 12. Wenn das Geld bis dahin nicht eingetroffen ist, werden wir die Angelegenheit unserem Rechtsanwalt übergeben. Wir sind jedoch sicher, daß es nicht so weit kommen wird.
Noch eine Bitte: Schauen Sie doch einmal in den Briefkasten der Wohnung. Wir hatten einigen Freunden bereits die Anschrift gegeben. Jetzt vermissen wir Post, von der wir vermuten, daß sie bei Ihnen liegt. Würden Sie bitte eventuelle Briefe mit dem Vermerk:

»Verzogen nach: Waldstraße 24, 6720 Speyer«

versehen und hierhin schicken? Vielen Dank.

Mit freundlichem Gruß
Else Burger
Kurt Burger

Mängelanzeige eines Mieters

Ein Mieter muß den Vermieter sofort benachrichtigen, wenn in der von ihm gemieteten Wohnung irgendwelche Mängel auftreten. Wird dieser Mangel vom Vermieter nicht in einer angemessenen Frist behoben, kann der Mieter die Miete entsprechend mindern.
Vergißt der Mieter – aus welchen Gründen auch immer – die Mängelanzeige abzugeben, so ist er gegenüber dem Vermieter schadenersatzverpflichtet. Das heißt, er kann unter Umständen auch das Recht verlieren, die Miete von sich aus herabzusetzen und Schadenersatz zu verlangen.
In seiner Mängelanzeige muß der Mieter jeden einzelnen Schaden genau bezeichnen.

Schadenanzeige eines Mieters

| Fritz Wagenrad | Wohnpark 4 |
| | 5270 Gummersbach |

Hausverwaltung
Wohnpark Gummersbach
Wohnpark 22

5270 Gummersbach   05. 02. ..

Mängelanzeige

Sehr geehrte Damen und Herren,

nach der Sturmnacht vom 03. auf den 04. Februar ist in unserer Wohnung ein erheblicher Schaden entstanden. Durch die Außenwand ist Wasser in unser Schlafzimmer gedrungen und hat auf der gesamten Front die Tapete abgelöst. Die Feuchtigkeit hat offensichtlich auch noch einen Schaden am Estrich des Teppichbodens verursacht. Bitte veranlassen Sie, daß diese Dinge so schnell wie möglich in Ordnung gebracht werden.

Mit freundlichem Gruß
Fritz Wagenrad

Normalerweise müßte der Vermieter jetzt reagieren. Tut er das nicht, kann der Mieter nach einer Mahnung entweder die Mängel selbst beseitigen lassen und vom Vermieter Schadenersatz verlangen oder die Miete angemessen heruntersetzen. Beides muß er dem Vermieter schriftlich mitteilen. Ein eingeschriebener Brief empfiehlt sich.

Ankündigung der Mietminderung

| Fritz Wagenrad | Wohnpark 4 |
| | 5270 Gummersbach |

Einschreiben

Hausverwaltung
Wohnpark Gummersbach
Wohnpark 22

5270 Gummersbach   20. 02. ...

Meine Mängelanzeige vom 05. 02. ...

Sehr geehrte Damen und Herren,

inzwischen sind 14 Tage vergangen, und Sie haben auf meine Mängelanzeige nicht reagiert. Ich setze Ihnen deshalb eine letzte Frist bis zum 15. 03. Sollte sich bis dahin nichts tun, werde ich mein Recht auf Mietminderung wahrnehmen.

Mit freundlichem Gruß Fritz Wagenrad

Mietminderung

| Fritz Wagenrad | Wohnpark 4 |
| | 5270 Gummersbach |

Einschreiben

Hausverwaltung
Wohnpark Gummersbach
Wohnpark 22

5270 Gummersbach   16. 03. ...

Meine Mängelanzeige vom 05. 02. ...
Mein Schreiben vom 20. 02. ...

Sehr geehrte Damen und Herren,

da Sie weder auf meine Mängelanzeige noch auf meinen letzten Brief reagiert haben, werde ich ab sofort die Miete von 400 DM um 25% auf 300 DM reduzieren.

Durch das eingedrungene Wasser hat sich inzwischen im gesamten Zimmer die Tapete gelöst. Auf dem Teppichboden bildet sich bereits Schimmel, so daß dieses Zimmer für uns nicht mehr bewohnbar ist.

Ich fordere Sie nochmals auf, die Schäden sofort beseitigen zu lassen. Wenn Sie das nicht innerhalb der nächsten 14 Tage tun, werde ich selbst einen Bauunternehmer, einen Malermeister und einen Innenausstatter beauftragen und Ihnen die Rechnungen schicken.

Fritz Wagenrad

Kündigung von Mietverhältnissen

Nach dem Zweiten Wohnraumkündigungsschutz-Gesetz vom 18. 12. .. kann ein Vermieter eine von ihm vermietete Wohnung nur kündigen, wenn er, wie das Gesetz sagt, »an der Beendigung des Mietverhältnisses ein berechtigtes Interesse« hat.

Ein berechtigtes Interesse liegt unter anderem dann vor, wenn er die Räume für sich selbst oder für einen seiner Familienangehörigen benötigt. Auf jeden Fall ist der Vermieter verpflichtet, in seinem Kündigungsschreiben die Gründe für die Kündigung anzugeben.

Kündigung eines Mietverhältnisses

| Etwin Heid | Osteroderstr. 17 |
| | 4352 Herten |

Frau Dorith Kammrath	02.06...
Osterroderstr. 17	
4352 Herten	

Sehr geehrte Frau Kammrath,

am 1. September wird mein Sohn Friedrich von einem mehrjährigen Aufenthalt in den Vereinigten Staaten zurückkehren. Da er anschließend bei uns wohnen soll, benötige ich das im Augenblick von Ihnen gemietete Zimmer im zweiten

Obergeschoß unseres Hauses. Ich kündige deshalb das mit Ihnen bestehende Mietverhältnis zum 30. 08. 19...
Wenn Sie mit dieser Kündigung nicht einverstanden sind, können Sie ihr bis spätestens zum 30. 06. widersprechen.

Mit freundlichen Grüßen
Etwin Heid

Widerspruch gegen die Kündigung des Vermieters

Für die Mieterin, Frau Kammrath, bedeutet die Kündigung eine erhebliche Härte. Sie hatte vor, im Oktober zu heiraten und mit ihrem Mann in ein Eigenheim zu ziehen, das aber erst im November fertig wird. Sie teilt diese Gründe dem Vermieter mit und bittet darum, die Kündigung aufzuschieben.

Dorith Kammrath	Osteroderstr. 17
	4352 Herten

Herrn Etwin Heid   15.06...
Malermeister
Osteroderstr. 17

4352 Herten

Ihre Kündigung vom 2. Juni 19..

Sehr geehrter Herr Heid,

ich erhebe gegen die von Ihnen ausgesprochene Kündigung des Mietverhältnisses Widerspruch. Wie Sie wissen, wollen mein Verlobter und ich im Oktober heiraten und dann in ein Eigenheim ziehen, das allerdings erst zum 1. November bezugsfertig ist. Ich müßte, wenn Sie Ihre Kündigung aufrechterhalten, innerhalb von 2 Monaten mit meinem gesamten Hausstand zweimal umziehen. Dies ist auch im Sinne des bürgerlichen Gesetzbuches eine unbillige Härte. Bitte nehmen Sie deshalb die Kündigung zum 30. 08. zurück.

Mit freundlichem Gruß
Dorith Kammrath

Schenkungsverträge

Ein Onkel schenkt seinem Patenkind eine elektrische Eisenbahn. Der Junge nimmt dieses Geschenk mit strahlenden Augen an. Was ist, außer dem offensichtlichen Glück des Kindes, geschehen?
Rechtlich ist soeben ein Schenkungsvertrag zustande gekommen. Warum, wenn das so einfach ist, wird hier auf Schenkungsverträge eingegangen? Weil die Dinge nicht immer so unkompliziert abgehen. Verkörpert nämlich der geschenkte Gegenstand einen größeren Wert, so können durchaus Neider auftreten, die dem Beschenkten das Geschenk streitig machen wollen. Ein Schenkungsvertrag ist also nichts anderes als ein schriftlicher Beweis für ein Geschenk. Deshalb sollte in einem Schenkungsvertrag der verschenkte Gegenstand auch genau bezeichnet werden.

Schenkung eines Kraftfahrzeuges

> Ich habe heute meinem Bruder, Herrn Walter Undersheim, Hauptstraße 1, 6111 Habichtsheim, einen Personenkraftwagen Ford Escort, Fahrgestell-Nr. ... , polizeiliches Kennzeichen MY–A 125, geschenkt.
>
> Mayen, 26. Mai 19..
> Ansgar Undersheim

Schenkung eines Grundstückes

> Zu seiner heutigen Hochzeit mit Fräulein Iris Hante schenke ich meinem Sohn, Herrn Oliver Gusted, folgendes Grundstück:
>
> (Grundstück genau beschreiben)
>
> Ich erkenne an, daß die Eigentumsrechte an diesem Grundstück auf meinen Sohn übergegangen sind.
>
> Brauweiler, den 27. 05. ..
> Heinz Gusted

Sonstige private Briefe mit geschäftlichem Inhalt

Anforderung der Kopie einer Arztrechnung

> Herrn Dr. med. Richard Philip
> Universitätskliniken
>
> 8000 München
>
> Ihre Erinnerung vom 02. 04. ..
>
> Sehr geehrter Herr Doktor Philip,
>
> auf Umwegen bin ich heute in den Besitz Ihrer Erinnerung gelangt, die Sie an meinen Bruder, Herrn Joachim Schmitz, Daudetstraße 29, 8000 München 60, geschickt haben.
> Da ich den Nachlaß meines verstorbenen Vaters, Herrn Josef Schmitz, verwalte, war mein Bruder für diese Mahnung nicht die richtige Adresse. Mein Bruder hat deshalb die Erinnerung an meine frühere Anschrift geschickt. Der jetzige Mieter meiner früheren Wohnung hat sie dann an mich weitergeleitet.
> Ähnlich muß es mit Ihrer Originalrechnung gegangen sein, die ich trotz gründlichen Suchens nicht gefunden habe. Würden Sie mir bitte eine Kopie schicken? Ich möchte die für beide Seiten unerfreuliche Angelegenheit abschließen. Vielen Dank im voraus für Ihre zusätzlichen Bemühungen.
>
> Mit freundlichem Gruß
> Georg Schmitz

Durch die kommunalen Neuordnungen der letzten Jahre haben viele Mitbürger eine neue Anschrift bekommen, obwohl sie gar nicht umgezogen sind. Wenn mehrere Orte plötzlich zu einer Großgemeinde zusammengezogen werden, kann es doch durchaus vorkommmenn, daß Straßennamen doppelt oder gar dreifach vergeben sind. Sie müssen natürlich umbenannt werden. Die Post zieht mit ihren Postleitzahlen natürlich nach und vereinheitlicht das Nummernsystem innerhalb der neuen Gemeinde. Nun liegt es an Ihnen, Ihre neue Anschrift bekanntzumachen. Vielleicht in Form eines Rundschreibens?
Der Betreff eines solchen Rundschreibens könnte etwa »Änderung meiner Anschrift« heißen. In der Zeile darunter sollte aber auf

jeden Fall angegeben werden, worauf sich das Schreiben bezieht (Versicherungsvertrag, Kraftfahrzeugsteuer, Zeitungsabonnementnummer, Gas, Wasser, Licht usw.).

2 x Änderung der Anschrift

Änderung meiner Anschrift

...

Sehr geehrte Damen und Herren,

wir sind nicht umgezogen. Trotzdem hat sich infolge einer kommunalen Neuordnung meine Anschrift geändert.

Bisher:	Stommelnerstraße 13
	5021 Geyen
Jetzt:	Geyen
	Bettburgerstraße 13
	5024 Pulheim

Ich lege Wert darauf, daß die Ortsbezeichnung Geyen nach wie vor in meiner Anschrift erscheint. Bitte benutzen Sie deshalb nur die von mir vorgeschlagene Form der Anschriftenschreibung.

Mit freundlichem Gruß Otto Rademacher

Diesmal hat es mit dem Umzug geklappt. Sie wohnen jetzt in einem Vorort von Köln. Die neue Anschrift müssen Sie denselben Stellen bekanntgeben, denen Sie auch vorher die Änderung der Adresse mitgeteilt haben.

Neue Anschrift

...

Sehr geehrte Damen und Herren,

wir sind nach Köln-Lindenthal umgezogen. Bitte notieren Sie unsere neue Anschrift:

Bisher:	Graf-Recke-Str. 22
	4000 Düsseldorf 1
Jetzt:	Köln-Lindenthal
	Herderstr. 12
	5000 Köln 41

Mit freundlichem Gruß Ute und Franz Greis

Die Post gestattet, zwischen Namenszeile und Straßenzeile die ursprüngliche Ortsbezeichnung einzuschieben, wenn als letzte Zeile Postleitzahl und Postzustellungsort vermerkt sind. Diese Schreibweise empfiehlt sich, da Ihre Bekannten Sie dann nicht im ganzen Bereich Köln 41, sondern gezielt in Köln-Lindenthal suchen können.

Bitte um Kostenvoranschlag

  Herbert Bosbach   6540 Simmern
                     Siegener Allee 17

Franz Weißkirchen
Holzbearbeitungsbetrieb
Buchenweg 12
6509 Sulzheim   20. 01. ...

Bauvorhaben Siegener Allee 17, 6540 Simmern

Sehr geehrter Herr Weißkirchen,

Herr Niedekke aus Sulzheim hat Sie mir empfohlen. Ich möchte in mein Mietshaus neue Fenster mit Isolierverglasung einsetzen lassen. Wenn Sie die Arbeit übernehmen wollen, setzen Sie sich bitte wegen eines Besichtigungstermins mit meinem Hausverwalter, Herrn Rolf Ritsch, Telefon 1234, in Verbindung. Herr Ritsch ist informiert und wird Ihnen das Objekt zeigen. Schon jetzt bitte ich Sie um einen Kostenvoranschlag.

Mit freundlichem Gruß
Herbert Bosbach

Das Angebot der Firma Weißkirchen ist günstiger als alle anderen Angebote. Sie bekommt den Auftrag.

Auftrag

    Herbert Bosbach   6540 Simmern
                                                     Siegener Allee 17

Franz Weißkirchen
Holzbearbeitungsbetrieb
Buchenweg 12

6509 Sulzheim   30. 01. ...

Bauvorhaben Siegener Allee 17, 6540 Simmern
Ihr Kostenvoranschlag vom 28. 01. ...

Sehr geehrter Herr Weißkirchen,

Aufgrund Ihres Kostenvoranschlages beauftrage ich Sie mit der Lieferung und dem Einsetzen des von Ihnen vorgeschlagenen Fenstertyps. Die Arbeit soll in zwei Abschnitten erfolgen:
15. 03. ... Erdgeschoß und 1. Etage
30. 03. ... 2. und 3. Etage
Es ist vereinbart, daß die Gesamtrechnung nach der letzten Lieferung bezahlt wird.
Bitte streichen Sie zunächst die Position 7 des Kostenvoranschlages. Für den Keller möchte ich eine andere Lösung suchen.

Mit freundlichem Gruß
Herbert Bosbach

Im Zulieferwerk der Schreinerei Weißkirchen hat es gebrannt. Nun können die restlichen Fenster nicht wie vereinbart geliefert werden. Das teilt Herr Weißkirchen Herrn Bosbach mit. Gleichzeitig schickt er – und das war auch nicht vereinbart – eine Rechnung mit. Damit ist Herr Bosbach nicht einverstanden.

Einspruch gegen unberechtigte Rechnung

Herbert Bosbach   6540 Simmern
                                               Siegener Allee 17

Franz Weißkirchen
Holzbearbeitungsbetrieb
Buchenweg 12

6509 Sulzheim   17. 03. ...

Bauvorhaben Siegener Allee 17, 6540 Simmern
Ihre Rechnung vom 14. 03. ...

Sehr geehrter Herr Weißkirchen,

mit Ihrer Rechnung bin ich nicht einverstanden. Wir hatten »Zahlung nach Lieferung« vereinbart, und Sie haben die restlichen Fenster – aus welchen Gründen auch immer – noch nicht geliefert.
Bitte verstehen Sie, daß ich auf unserer Vereinbarung bestehe.

Mit freundlichem Gruß
Herbert Bosbach

Die Schreinerei Weißkirchen ist ein kleines Unternehmen. Franz Weißkirchen kann den ausstehenden Betrag nicht ohne weiteres kreditieren. Obwohl er im Unrecht ist, bittet er Herrn Bosbach, wenigstens einen Teil des Rechnungsbetrags zu zahlen.

Vorabsendung eines Schecks

Herbert Bosbach   6540 Simmern
                                               Siegener Allee 17

Franz Weißkirchen
Holzbearbeitungsbetrieb
Buchenweg 12

6509 Sulzheim   30. 03. ...

Bauvorhaben Siegener Allee 17, 6540 Simmern
Ihre Rechnung vom 14. 03. ...
Ihr Schreiben vom 25. 03. ..., unser Telefongespräch

Sehr geehrter Herr Weißkirchen,

wie besprochen, sende ich Ihnen vorab einen Scheck über 2500 DM. Bitte teilen Sie mir so bald wie möglich den genauen Liefertermin für die restlichen Fenster mit. Nach der Lieferung werde ich dann, wie vereinbart, die Restbeträge überweisen.
Mein Kompliment übrigens für die ausgezeichnete Arbeit, die Sie und Ihre Mitarbeiter bisher geleistet haben. Ich werde Sie gern weiterempfehlen.

Mit freundlichem Gruß Herbert Bosbach

Mängelrügen – Reklamationen

Wie der Kaufmann ist auch der Privatmann verpflichtet, eine Ware unverzüglich (oder wie die Juristen sagen: ohne schuldhaftes Verzögern) zu prüfen. Mängel, sei es an der Beschaffenheit, der Menge oder der Art der Ware, muß er dem Lieferanten sofort durch eine Mängelrüge, in der Umgangssprache »Reklamation« genannt, anzeigen.
Es ist durchaus verständlich, daß man über eine mangelhafte Ausführung einer Bestellung verärgert ist. Man sollte diese Verärgerung aber nie durch einen entsprechenden Ton im Brief ausdrükken. Der Lieferant wird in seiner Reaktion beeinflußt von der Art und Weise, wie man die Reklamation abfaßt. Daher ist nichts dagegen einzuwenden, wenn man auch Positives erwähnt. Zum Beispiel die pünktliche Lieferung oder die sonst positiven Erfahrungen mit dem Lieferanten.
In Reklamationen müssen die Fehler an der Ware genau beschrieben sein. Es empfiehlt sich, Muster beizulegen oder die gesamte Ware zurückzuschicken.
Grundsätzlich kann man, schickt man die Reklamation sofort ab, wählen, ob man vom Kaufvertrag zurücktreten will, die beschädigte Ware behalten oder Ersatz verlangen will. Will man vom Kaufvertrag zurücktreten, so muß die Ware auf jeden Fall sofort an den Lieferanten zurückgeschickt werden. Dasselbe gilt, wenn man Ersatz verlangt. Die Kosten für die Rücksendung trägt der Lieferant. Will man aber die beschädigte Ware behalten, dann kann man einen Preisnachlaß verlangen. Die Höhe des geforderten Preisnachlasses richtet sich nach der Art der Beschädigung.
Neben den üblichen Angaben (Bestellnummer, Rechnungsnummer) sollte eine Reklamation folgendes enthalten:

1. im Betreff einen Hinweis, daß man die Ware erhalten hat;
2. eine genaue Fehlerbeschreibung;
3. Äußerung, was nun passieren soll (Rücktritt, Tausch, Preisnachlaß).

Abendkleid

Barbara Dehnbar   Ostfriesenwall 19
                                               2000 Hamburg

XYZ-Versandhaus KG   13. 08. ..
Postfach

9999 Irgendwo

Meine Bestellung vom 06. 07. .., Abendkleid
Ihre Rechnung Nummer 123/765...

Guten Tag!

Schade, im Katalog sah das Abendkleid so schön aus. Aber jetzt, wo ich es »in natura« gesehen habe, stelle ich zu meinem Bedauern fest, daß es mir doch nicht gefällt. Die Farben sind zu grell und passen nicht zu meinem etwas blassen Teint. Mit gleicher Post habe ich das Kleid zurückgeschickt. Bitte schreiben Sie mir den per Nachnahme bezahlten Betrag gut; ich werde in Ihrem Katalog sicherlich etwas anderes finden.

Mit freundlichem Gruß
Barbara Dehnbar

Zerbrochene Weinflaschen

Helmut Waltermann, Waldweg 34, 5489 Kelberg

Weinhandlung Schu & Co.   24. 11. ..
Herrn Schu
Postfach 45 76 00

5500 Trier

Reklamation
Ihre Lieferung vom 25. 1 1. .., Rechnung-Nummer 12345/..

Sehr geehrter Herr Schu,

als ich gestern das Weinpaket aufmachte, habe ich eine unangenehme Überraschung erlebt. Von den 50 Flaschen Wehlener Sonnenuhr, 1971 Auslese, waren 7 zerbrochen. Ich weiß nicht, ob der Schaden auf dem Transport zu mir oder schon in Ihrem Versand entstanden ist.
Wenn ich heute die Rechnung begleiche, ziehe ich den Gegenwert für diese sieben Flaschen einschließlich 14% Mehrwertsteuer ab. Damit ist von meiner Seite aus die Sache erledigt. Wenn ich nichts mehr von Ihnen höre, nehme ich das als Einverständnis.

Mit freundlichem Gruß
Helmut Waltermann

Kinderbett

Elke Weinstein	Wanderpfad 43 2400 Lübeck

Versandhaus DAS BABY Kinderwiese 1 7000 Stuttgart	24. 03. ...

Auftragsbestätigung und Rechnung Nummer...
vom 03. 03. .., Bestellnummer 111111, Kinderbett

Sehr geehrte Damen und Herren,

am 15. 03. habe ich das Kinderbett am Frachtbahnhof Lübeck abholen wollen. Zunächst habe ich die Nachnahme bezahlt. Als ich dann das Bett in meinen Wagen schaffen lassen wollte, wurde die Verpackung so beschädigt, daß Teile des Bettes zerkratzt worden sind. Da meiner Meinung nach das Bett durch die Unachtsamkeit der Bahnbeamten beschädigt wurde, habe ich die Annahme verweigert. Sie werden das Bett mit einer Schadensschilderung der Bahn zurückerhalten.

Nach wie vor möchte ich das Bett gern bei Ihnen kaufen. Deshalb habe ich den Lieferschein mit dem Umtauschwunsch beigefügt.

Mit freundlichem Gruß
Elke Weinstein

Die zweite Lieferung kommt »frei Haus«. Die Mitarbeiter des Spediteurs verlangen aber von Frau Weinstein noch einmal den gesamten Preis, obwohl sie schon einmal die Nachnahme bezahlt hat. Das sieht Frau Weinstein natürlich nicht ein.

Unberechtigte Nachnahme

Elke Weinstein	Wanderpfad 43
	2400 Lübeck
Versandhaus	02. 04. ..
DAS BABY	
Kinderwiese 1	
7000 Stuttgart	

Auftragsbestätigung und Rechnung Nummer...
vom 03. 03. .., Bestellnummer 111111, Kinderbett
Mein Schreiben vom 24. 03. ..

Sehr geehrte Damen und Herren,

inzwischen ist das Kinderbett geliefert worden. Der Spediteur hat aber von mir nochmals den Nachnahmebetrag von 120,20 DM gefordert. Deshalb habe ich erneut die Annahme verweigert.
Mit der Frachtstelle Lübeck habe ich vereinbart, daß das Bett aus Ersparnisgründen zunächst dort gelagert und nicht zurückgeschickt wird. Aus den beiliegenden Unterlagen können Sie erkennen, daß ich das Bett bereits bezahlt habe und wie der Transportschaden von der Ermittlungsstelle der deutschen Bundesbahn aufgenommen worden ist.
Bitte heben Sie die Nachnahme auf, und weisen Sie schnellstens die »frei-Haus-Lieferung« an.

Mit freundlichem Gruß
Elke Weinstein

Das Versandhaus hebt die Nachnahme auf, und das Kinderbett wird erneut angeliefert. Wieder verlangt der Spediteur von Frau Weinstein Geld. Für Fracht und Lagerung auf dem Bahnhof in Lübeck, wie er sagt. Um des lieben Friedens willen zahlt Frau Weinstein. Sie braucht ja das Bettchen.

Unberechtigte Frachtkosten

Elke Weinstein					Wanderpfad 43
							2400 Lübeck

Versandhaus						01.06...
DAS BABY
Kinderwiese 1

7000 Stuttgart

Auftragsbestätigung und Rechnung Nummer...
vom 03. 03. .., Bestellnummer 111111, Kinderbett
Ihr Schreiben vom 22. 05. ..

Sehr geehrte Damen und Herren,

das Bett ist nun bei mir eingetroffen. Leider ist es aber auch beschädigt. Ich stellte das erst fest, als ich das Bettchen auspackte. Das Seitenteil ist zerkratzt.
In Ihren Lieferbedingungen sagen Sie »portofreie« Lieferung ab einem Warenwert von 75,00 DM zu. Laut beigefügtem Frachtbrief habe ich aber 30,70 DM an Frachtkosten und Lagergeld gezahlt. Das Lagergeld ist in der Zeit entstanden, in der das Bett auf dem Bahnhof in Lübeck gestanden hat, bis Sie die Nachnahme aufgehoben haben.
Ich benötige das Kinderbett jetzt dringend, deshalb will ich es nicht noch einmal zurückschicken. Allerdings erwarte ich, daß Sie mir 30,70 DM für Frachtkosten und Lagergeld gutschreiben. Eine Gutschrift für das beschädigte Seitenteil würde mich für den Ärger ein wenig entschädigen. Meinen Sie nicht auch, daß eine solche Entschädigung recht und billig wäre?

Mit freundlichem Gruß
Elke Weinstein

Reklamation einer Duschtasse

> Ihre Rechnung vom 08. 12. ..
> Duschtasse
>
> Sehr geehrter Herr Schäfer,
>
> die von Ihnen gelieferte und installierte Duschtasse hat einen Materialfehler, der mir bei der Lieferung nicht aufgefallen ist.
> Zwischen dem Abflußrohr und dem emaillierten Teil der Duschtasse ist das Email abgesprungen. Da sich gerade dort erfahrungsgemäß das Wasser staut, ist damit zu rechnen, daß die Duschtasse bald rostet.
> Bitte überzeugen Sie sich von dem Fehler, und liefern Sie mir so schnell wie möglich Ersatz.
>
> Mit freundlichem Gruß
> Thomas Wenz

Bitte um Bestätigung einer Vereinbarung

> Ihre Rechnung vom 08. 12. ..
> Duschtasse
>
> Sehr geehrter Herr Schäfer,
>
> inzwischen haben Sie den beanstandeten Schaden mit einem Emaillack ausgebessert. In unserem Gespräch haben Sie sich verpflichtet, einen neuerlichen Schaden kostenlos zu beseitigen oder die Duschtasse zu ersetzen.
> Bitte bestätigen Sie diese Vereinbarung auf der beigefügten Kopie dieses Schreibens. Wenn ich Ihre Bestätigung erhalten habe, werde ich den Rechnungsbetrag sofort überweisen.
>
> Mit freundlichem Gruß
> Thomas Wenz

Diese beiden Beispiele zeigen, daß eine Reklamation durchaus glatt abgewickelt werden kann. Was aber, wenn der Installateur in unserem Fall nicht reagiert?
Die wohl mildeste Art der Mahnung ist, denselben Reklamationsbrief nochmals, aber als Einschreiben zu schicken. Meldet sich der Installateur dann immer noch nicht, sollten Sie etwas mehr Druck

in Ihre Formulierung legen, aber auf keinen Fall grob oder unhöflich werden. Natürlich schicken Sie den folgenden Brief per Einschreiben.

Schärfere Reklamation

>Ihre Rechnung vom 08. 12. ..
>Duschtasse
>Meine Schreiben vom ... und vom ... (Einschreiben)
>
>Sehr geehrter Herr Schäfer,
>
>leider haben Sie auf meine Briefe nicht reagiert; dabei müßten Sie zumindest den Einschreibebrief erhalten haben.
>Verstehen Sie mich bitte, ich möchte Ihnen und mir Unannehmlichkeiten ersparen. Schauen Sie sich den Schaden doch einmal an. Vorsorglich mache ich Sie darauf aufmerksam, daß ich Sie für jeden Folgeschaden verantwortlich machen werde, der in Verbindung mit dem Schaden an der Duschtasse steht.
>
>Mit freundlichen Grüßen Thomas Wenz

Mit Ihrer Telefonrechnung haben Sie keinen Ärger. Die fälligen Beträge werden im Lastschriftverfahren von Ihrem Konto direkt abgebucht. Sie finden das gut und möchten ebenfalls Ihre Miete über das Lastschriftverfahren abgebucht wissen.

Antrag auf Teilnahme am Lastschriftverfahren

| Walter Scharf | Wohnpark 24 |
	5010 Bergheim
Hausverwaltung	18.02...
Wohnpark Bergheim	
Wohnpark 22	
5010 Bergheim	

>Lastschriftverfahren
>
>Sehr geehrte Damen und Herren,
>
>meine Telefonrechnung wird regelmäßig von meinem Konto abgebucht. Das vereinfacht mir die Arbeit. Bisher habe ich

auch keine Differenzen festgestellt; das Rückrufrecht garantiert mir innerhalb von 6 Wochen nach der Belastung die volle Verfügungsgewalt über mein Konto. Ich weiß, daß einige Mieter bereits die Miete im Lastschriftverfahren abbuchen lassen. Warum habe ich deswegen noch nichts von Ihnen gehört?

Auch ich möchte, daß die monatliche Miete von meinem Konto direkt abgebucht wird. Mit der beigefügten Erklärung ermächtige ich Sie, künftig die Miete von meinem Konto abzubuchen.

Mit freundlichem Gruß
Walter Scharf

Ermächtigung

Ich ermächtige Sie, die monatliche Miete von meinem Konto Nummer . . . bei der GG-Bank AG, Postfach, 8000 München, Bankleitzahl . . . abzurufen.

Walter Scharf

Einspruch gegen Mahnung

Bernd Ers	Grimmelshausener Allee 12 2160 Hagen
Zeitungsvertrieb GmbH Postfach 14802	20.05...
2000 Hamburg	

Zahlungserinnerung vom 18. 05. ..

Sehr geehrte Damen und Herren,

bei Ihrer Zahlungserinnerung muß es sich um ein Versehen handeln. Die 15 DM habe ich zwar nicht überwiesen, das war aber auch nicht nötig, weil seit geraumer Zeit eine Abbuchungsermächtigung besteht, die Sie bisher auch immer gebraucht haben.

Haben Sie diese Abbuchungsermächtigung verloren? Ich kenne die rechtlichen Folgen aus einem Verlust nicht, bin jedoch gern bereit, eine neue Abbuchungsermächtigung zu erteilen. Sie müßten mir allerdings versichern, daß Sie für eventuelle Schäden aufkommen.

Im übrigen möchte ich natürlich nicht auf die vorteilhafte »frei-Haus-Lieferung« verzichten.

Mit freundlichem Gruß
Bernd Ers

Bitte an den Hausarzt

Sehr geehrter Herr Doktor Dehmel,

in Hamburg habe ich mich wegen einer Grippe von Herrn Dr. Assenmaar behandeln lassen. Mein Krankenschein für dieses Quartal liegt aber bei Ihnen. Bitte senden Sie Herrn Dr. Assenmaar eine Überweisung. Einen Freiumschlag mit der Anschrift habe ich beigefügt. Vielen Dank.

Mit freundlichem Gruß
Otto Buchheister

Zwei Aufträge an einen Notar

Eberhard Hahn wendet sich an einen Notar, um, nach dem Tode seiner Mutter, das Grundbuch für das ererbte Grundstück ändern zu lassen. Er hatte mit dem Notar schon einmal zu tun, deshalb erwähnt er das zu Beginn seines Briefes.

Sehr geehrter Herr Doktor Halz,

19.. haben Sie für mich eine Änderung im Grundbuch vornehmen lassen. Die Urkunden-Nr. war damals 12345/...
Nach dem Tode meines Vaters wurden mein Bruder, meine Mutter und ich als neue Eigentümer unseres Hauses eingetragen. Nun ist auch meine Mutter gestorben; eine Sterbeurkunde füge ich bei. Mein Bruder und ich sind ihre Erben. Auch einen gemeinschaftlichen Erbschein füge ich bei.
Würden Sie bitte im Grundbuch von Poppelsdorf, Blatt 306, die Eintragung für das Grundstück Luisenstraße 35 ändern lassen?
Ihre Gebührenrechnung werde ich sofort begleichen. Wenn Sie noch Fragen haben: rufen Sie mich bitte an.

Mit freundlichem Gruß
Eberhard Hahn

Eberhard Hahn Hansteinweg 54
5300 Bonn

Herrn Notar 01. 08. ...
Dr. Erdwin Halz
Lengsdorfer Straße 244

5300 Bonn

Sehr geehrter Herr Doktor Halz,

vor 15 Jahren hat mein Vater von Herrn Paul Mannhof ein Haus auf Rentenbasis gekauft. Den Kaufvertrag – eine Kopie füge ich bei – haben Sie damals beglaubigt.
Herr Mannhof ist am 14. 07. .. gestorben (Sterbeurkunde). Damit erlosch an diesem Tag die Rentenverpflichtung. Bitte lassen Sie die Rentenverpflichtung im Grundbuch löschen.

Mit freundlichem Gruß Anlagen:
Wilfried Bullers Kopie Kaufvertrag
Sterbeurkunde
Paul Mannhof

Die Leibrente für Paul Mannhof ist mit einem Dauerauftrag jeden Monat gezahlt worden. Die Nachricht von seinem Tod kam so spät, daß die Bank nicht mehr reagieren konnte und den Betrag noch einmal überwiesen hat. Den Betrag fordert Eberhard Hahn vom Nachlaßverwalter Paul Mannhofs zurück.

Bitte um Rücküberweisung

Sehr geehrter Herr Bachschmidt,

meine Bank konnte den Dauerauftrag nicht mehr rechtzeitig löschen. Deshalb wurden Ende Juli noch einmal 625 DM auf das Konto vom Herrn Mannhof überwiesen. Bitte überweisen Sie mir das Geld zurück. Vielen Dank.

Mit freundlichem Gruß
Eberhard Hahn

Das Testament

Ein Mensch stirbt. Meistens trifft das traurige Ende die Familienangehörigen völlig unerwartet. In die natürliche Trauer mischen sich plötzlich kaufmännische Dinge, die abgewickelt werden müssen. Die Angehörigen müssen sich um die Beerdigung und die Trauerfeierlichkeiten kümmern. Ganz zu schweigen von der gesamten Nachlaßregelung! Versicherungen, Banken und Behörden sind zu benachrichtigen, das Finanzamt wartet auf die Erbschaftssteuererklärung, und die Lebensversicherung weigert sich vielleicht zu zahlen. In vielen Fällen wissen die Angehörigen überhaupt nicht, was sie im einzelnen zu tun haben.
Deshalb sollte jeder alle Dinge schriftlich niederlegen, die nach seinem Tode zu beachten sind.*

Nachlaßangelegenheiten

Hinweis für Angehörige

An meine Angehörigen!

Alles, was nach meinem Tod zu beachten ist, habe ich hier zusammengestellt. Sollten noch Unklarheiten bestehen, wendet Euch bitte in rechtlichen Angelegenheiten an meinen Rechtsanwalt, Herrn Doktor Josef Müller, Hoffmannstalweg 23, 6000 Frankfurt.

1. Meldung des Todesfalls
Mein Tod muß sofort von einem Arzt festgestellt werden. Der Arzt muß einen Totenschein ausschreiben, der spätestens am Tag nach meinem Tod dem Standesamt Frankfurt vorzulegen ist. Sollte ich im Bezirk eines anderen Standesamtes sterben, ist der Totenschein diesem Standesamt vorzulegen. Meinen Tod anzeigen muß die Person, in deren Wohnung ich gestorben bin, oder jede andere Person, die bei meinem Tod dabei war oder davon unterrichtet worden ist.
Wer meinen Tod beim Standesamt anmeldet, muß seinen Personalausweis vorlegen und über mich folgende Angaben machen: Vor- und Familienname, Beruf, Wohnort, Geburtsort und -tag, Todesort, Todestag und -stunde, Name der Eltern und Name der Ehefrau. Ich wünsche, daß

---

* Interessierten Lesern empfehlen wir die ausführlichen Ratgeber-Bände »Testament und Nachlaß vorbereiten« (ht 514) und »Das korrekte Testament« (ht 594), Humboldt-Taschenbuchverlag, München.

mein religiöses Bekenntnis, römisch-katholisch, angegeben wird.
Der Standesbeamte stellt die Sterbeurkunde 4fach aus. Damit ist allerdings nur der nötigste Bedarf gedeckt. Ich empfehle deshalb, noch 5 weitere Ausfertigungen zu verlangen.
Wenn ich in einem Krankenhaus sterbe, wird die Todesanzeige von dort erstattet.
Wenn nicht sicher ist, daß ich eines natürlichen Todes gestorben bin, ist die Polizei sofort zu verständigen.
Sollte ich bei einem Unfall sterben, ist meine Lebens- sowie meine Unfallversicherung telegrafisch oder telefonisch zu benachrichtigen.

Beerdigung
Die Beerdigung soll das Beerdigungsinstitut Marzor, Kirchstraße 35, 4690 Herne, durchführen. Wegen des Zeitpunkts der Beerdigung und der Trauerfeier ist das Pfarramt der St.-Sebastian-Kirche in Frankfurt zu benachrichtigen.
Ich möchte nicht, daß Todesanzeigen in Zeitschriften veröffentlicht werden. Statt dessen möchte ich, daß ein Betrag in entsprechender Höhe an die Aktion Sorgenkind gespendet wird.

Testament
Ich habe ein privates Testament errichtet, das sich in meinem Schließfach Nummer 7513 bei der Volksbank Frankfurt befindet. Den Schlüssel für das Schließfach habe ich an meinem Schlüsselbund.
Als Testamentvollstrecker habe ich meine Hausärztin, Frau Doktor Helga Neu, Walpurgisstr. 17, 6000 Frankfurt, Telefon: 0611/ ..., eingesetzt. Sie muß sofort von meinem Tod unterrichtet werden.

Rentenansprüche, Sterbegelder, Versicherungen
Meinen Hinterbliebenen stehen zu: Rentenansprüche gegen die Bundesversicherungsanstalt für Angestellte, Versicherungsschein-Nummer...

Rentenansprüche gegen die Versorgungskasse des XY-Konzerns, 6000 Frankfurt

Hans Preuß
Elisabeth Preuß, geb. Schmitz

Diese Ansprüche sollten möglichst bald, jedenfalls noch im Sterbemonat, geltend gemacht werden. Mit den Anträgen an die BFA und an die Versorgungskasse des XY-Konzerns eine Sterbeurkunde, an die ZYX-Lebensversicherung eine Sterbeurkunde, die Versicherungspolice und die letzte Prämienquittung senden! Die Versicherungspolice liegt bei meinem Testament im Schließfach der Volksbank. Die Prämienquittungen sind in dem Ordner »Quittungen« in meinem Schreibtisch aufbewahrt.

Darüber hinaus habe ich eine Reihe von Versicherungen mit den ZYX-Versicherungen abgeschlossen. Alle Versicherungspolicen habe ich bei meinem Rechtsanwalt hinterlegt, der auch für die Angehörigen die nötigen Umschreibemaßnahmen vornimmt. Das Honorar dafür habe ich bereits bezahlt.

Vermögensverhältnisse
Mir gehören zwei Einfamilienhäuser, eines in Adorf, Bedorferstraße 17, Gemarkung Adorf, Flur 20, Flurstück 1359, eines in Bonn, Luisenstraße 469, Grundbuchblatt 302, Flur 17, Flurstück 1236.

Bankkonten
Volksbank Frankfurt, Kontonummer ... (Girokonto)
Postgiroamt Frankfurt, Kontonummer ... (Girokonto)

Sparbücher
Alle Sparbücher befinden sich in meinem Schließfach bei der Volksbank. Volksbank Frankfurt, Kontonummer ..., Kundenkreditbank Frankfurt, Kontonummer ...

Sparbriefe
Die Sparbriefe sind im Gewahrsam der jeweiligen Kreditinstitute.

Kundenkreditbank Frankfurt, Sparbrief über 2000 DM, Sparbriefnummer ..., Einkaufskreditbank Frankfurt, Sparbrief über 5000 DM, Sparbriefnummer ...

Sonstiges
Darüber hinaus habe ich eine Münzsammlung, die sich in meinem Privattresor in unserem Haus in Adorf befindet. Die Münze »Goethe, 1935, Münzzeichen D«, gehört mir nicht, sondern Herrn Hans Neuendorf, der sie mir als

Sicherheit für eine Forderung überlassen hat. Der Schuldschein von Herrn Neuendorf ist bei der Münze im Privattresor. Wenn Herr Neuendorf die Gesamtsumme aus der Forderung zurückgezahlt hat, muß ihm die Münze zurückgegeben werden.

Nachlaßregelung
Meine Erben müssen den Erbfall innerhalb von 3 Monaten beim Finanzamt Frankfurt, Außenstadt anmelden.

Adorf, den 26. 04. 19..
Johannes G. Scholz

»Ich lebe davon, daß andere Leute sterben!«, dieser Satz wird Bestattungsunternehmen und professionellen Nachlaßverwaltern zugeschrieben. Wer es einmal gemacht hat, weiß, wie verzwickt eine Nachlaßverwaltung für jemanden ist, der dies eben nicht dauernd tut. Da muß zunächst ein Beerdigungsunternehmen mit der Bestattung beauftragt werden. Dieses Bestattungsunternehmen kümmert sich in der Regel auch um viele andere Dinge, wie Sterbeurkunden und Todesanzeigen.
Damit die Erben über den Nachlaß verfügen können, benötigen sie einen gemeinschaftlichen Erbschein, der, wie die Sterbeurkunde, auf dem Standesamt erhältlich ist.
Damit alle übrigen Dinge der Nachlaßverwaltung in einer Hand sind, bevollmächtigt die Gemeinschaft der Erben zweckmäßigerweise einen Nachlaßverwalter.

Nachlaßvollmacht

Als Erben des am 13. Mai 19.. in Hof verstorbenen Herrn Hans Pfaffen bevollmächtigen wir Frau Edelgard Schnepp, geb. Pfaffen, Karlsgraben 19, 6100 Darmstadt, uns uneingeschränkt zu vertreten.
Die Bevollmächtigte darf diese Vollmacht nicht auf Dritte übertragen.

6100 Darmstadt, 22. 06. ...

Gundelar Habar,   Peter Pfaffen   Karl-Heinz Pfaffen
geb. Pfaffen

Testament

Jeder kann und sollte ein Testament verfassen. Dadurch hat er die Möglichkeit, zu Lebzeiten zu bestimmen, was nach seinem Tode mit seinem Vermögen geschehen soll, weil die gesetzliche Erbfolge auf Feinheiten bei der Verteilung des Nachlasses des Erblassers naturgemäß keine Rücksicht nimmt.

Der Erblasser kann zum Beispiel in seinem Testament regeln, was mit einzelnen unteilbaren Nachlaßgegenständen geschehen soll. Ein unteilbarer Nachlaßgegenstand ist etwa ein Einfamilienhaus oder ein Prämiensparvertrag.

Und was geschieht, wenn der Erblasser einen »Nachkömmling« hinterläßt, ein Kind also, das viele Jahre jünger ist als seine Geschwister? Bei der gesetzlichen Erbfolge bekäme das Kind denselben Anteil am Erbe wie sein Bruder, der bereits eine gutgehende Arztpraxis hat und dem sein Vater das Studium und die Einrichtung seiner Praxis bezahlt hat. Das Testament bietet die Möglichkeit, in einem solchen Fall das Erbe gerechter aufzuteilen.

Rechtlich unterscheidet man zwei Formen von Testamenten: das öffentliche und das private Testament.

Ein öffentliches Testament wird errichtet, wenn der Erblasser vor einem Notar seinen Letzten Willen angibt. Er kann dies schriftlich oder mündlich tun. Der Notar schreibt den Letzten Willen auf und läßt die Niederschrift vom Erblasser genehmigen. Dieses öffentliche Testament ist dann vom Notar selbst und von Zeugen zu unterschreiben und an das zuständige Amtsgericht weiterzuleiten. Dort wird es dann aufbewahrt.

Ein privates Testament muß vom Erblasser eigenhändig geschrieben und unterschrieben werden. Außerdem muß das genaue Datum und der Ort angegeben werden. Liegen nämlich zwei Testamente vor, ist nur das letzte gültig.

Drei Testamentsversionen

Kinderlose Ehepaare streben zumeist nur an, daß nach dem Tode des Ehegatten der andere Teil sichergestellt ist.

1. Gemeinschaftliches Testament für kinderlose Eheleute, Einsetzung zum Alleinerben

> Unser Letzter Wille
>
> Wir, Peter Spanier und Maria Spanier, geb. Backes, setzen uns für den Fall des Todes von einem von uns, gegenseitig

zum alleinigen und ausschließlichen Erben unseres gesamten Vermögens ein.

6800 Mannheim, 21. 03. 19..

Peter Spanier,
Maria Spanier, geb. Backes

Im folgenden Beispiel haben die beiden Eheleute sich darauf geeinigt, was nach dem Tod des Überlebenden mit dem Vermögen geschehen soll.

2. Gemeinschaftliches Testament für kinderlose Eheleute, Berücksichtigung der gesetzlichen Erben

Unser Letzter Wille

Wir setzen uns gegenseitig zu Alleinerben unseres ganzen Vermögens ein. Der Überlebende ist als Alleinerbe des zuerst Verstorbenen verpflichtet, ein Viertel des Reinwertes des Nachlasses an die gesetzlichen Erben des zuerst Verstorbenen zu zahlen. Die Zahlung hat innerhalb eines Jahres nach dem Tod des zuerst Verstorbenen zu erfolgen.
Darüber hinaus verfügen wir, daß

1. falls der Ehemann, Hans Preuß, zuerst stirbt, sein Patenkind, Gisela Preuß, Hauptstr. 26, 7800 Freiburg, die Münzsammlung des Erblassers erhält.

2. falls die Ehefrau, Elisabeth Preuß, zuerst stirbt, ihre Schwester, Adelheid Glauzick, ihre gesamte Garderobe und die Kleiderkommode erhält. Sollte Frau Glauzick vorher sterben, so soll dieser Teil des Nachlasses dem Deutschen Roten Kreuz zufallen.

7800 Freiburg, 09. 05. ..
Goethestorferstraße 17

In diesem Fall ist neben den Erben noch ein Ersatzerbe eingesetzt für den Fall, daß die als Erbe eingesetzte Person vorher stirbt und deshalb nicht in Frage kommt.
Der Erblasser hat aber auch die Möglichkeit, nacheinander zwei Erben zu bestimmen. Der erste von beiden wird Vorerbe, während der zweite Nacherbe ist. Für beide Teile ist ein solches Erbschaftsverhältnis nicht unbedingt vorteilhaft. Der Vorerbe nämlich kann

nicht frei über das gesamte Erbe verfügen; der Nacherbe muß warten, bis er an der Reihe ist, und hat unter Umständen gar nicht mehr viel von der Erbschaft.

3. Testament eines Familienvaters, Einsetzung von Nacherben

Mein Letzter Wille

Im Falle meines Todes setze ich meine 3 Kinder, Herrn Doktor Anton Weber, Ratzeburger Straße 37, 2300 Kiel, Fräulein Bettina Weber, Schwabinger Straße 183, 8000 München, und Herrn Markus Weber, Kasseler Straße 22, 2300 Kiel, als Erben ein. Das gesamte Erbe besteht aus einem Mietshaus mit 7 Wohnungen in der Ratzeburger Straße 37, 2300 Kiel, einem Einfamilienhaus in der Kasseler Straße 22, 2300 Kiel, einem Sparbuch Nummer ..., von der Sparkasse Kiel, einem Wertpapierdepot, Depotnummer ..., bei der Sparkasse Kiel und dem Hausrat des Einfamilienhauses auf der Kasseler Straße 22. Über sonstige Forderungen und Verbindlichkeiten geben meine »Anweisungen für den Todesfall« Auskunft, die diesem Testament in einer Durchschrift beigefügt sind.

Das Erbe soll wie folgt aufgeteilt werden:

1. Mein Sohn Anton Weber, dem ich das Studium finanziert habe, soll das Sparbuch und das Wertpapierdepot erhalten. Als seine Nacherben bestimme ich seine beiden Töchter Bettina und Annegret.

2. Meiner Tochter Bettina Weber soll das Einfamilienhaus mit seinem gesamten Hausrat zufallen. Sollte sie als Erbin ausfallen, setze ich dafür als Ersatzerben meinen Sohn Markus Weber ein.

3. Mein Sohn Markus Weber erhält das Mietshaus in der Ratzeburger Straße. Bis zu Markus' Volljährigkeit soll dieses Mietshaus von seinem Bruder Anton verwaltet werden. Als Gegenleistung für die Verwaltung kann Anton auf Lebenszeit gegen eine Erinnerungsmiete von 1,00 DM pro Monat eine Wohnung des Hauses bewohnen. Er kann diese Wohnung bei dem Auszug aber nicht weitervermieten, sondern in diesem Fall erlischt sein Anrecht auf die Wohnung. Als Ersatzerben für Markus setze ich seine Schwester Bettina ein.

4. Sollten Bettina oder Markus als Erben ausfallen, so würde der ihnen zustehende Erbteil zu gleichen Teilen den beiden Töchtern von Anton zufallen.

2300 Kiel, 27. Oktober 19..
Kasseler Str. 22

Anton Weber sen.

Widerruf des Testaments

Das Testament soll den Letzten Willen eines Menschen enthalten. Da jedem zugebilligt werden muß, daß er seine Meinung einmal ändern kann, gilt das natürlich auch für das Testament. Das Testament kann also widerrufen werden.
Der Widerruf muß in gültiger Testamentsform erfolgen. Ein öffentliches Testament muß also aus der »beamtlichen Verwahrung« zurückgenommen werden. Bei einem privaten Testament reicht es bereits, wenn ein neues Testament unter einem neueren Datum geschrieben wird. Ebenso können Teile eines Testamentes widerrufen und durch ein neues Testament ersetzt werden. Theoretisch ist es also möglich, daß mehrere Testamente gleichzeitig gültig sind.

Widerruf

Widerruf meines Testaments vom 27. 10. ..
Ich widerrufe mein privates Testament und erkläre es im vollen Umfang für ungültig. Statt dessen soll die gesetzliche Erbfolge eintreten.

2300 Kiel, 24. 08. ..

Anton Weber sen.

Zusatz zum Testament

In meinem Testament vom 27. 10. .. habe ich meine Tochter Bettina zur Erbin meines Einfamilienhauses in der Kasseler Straße 22, 2300 Kiel, eingesetzt.
Bettina hat sich inzwischen gegen meinen Willen einer extremen religiösen Sekte angeschlossen. Ich entziehe ihr daher das gesamte Erbteil.

Das Einfamilienhaus soll deshalb mein Sohn Doktor Anton Weber, Ratzeburger Straße 37, 2300 Kiel, erhalten.
Alle übrigen Verfügungen in meinem Testament vom 27. 10. ..
bleiben ausdrücklich aufrechterhalten.

2300 Kiel, 24. 08. ..
Kasseler Straße 22

Anton Weber sen.

Eigenhändiges Testament

Ein eigenhändiges Testament ist nur gültig, wenn es der Erblasser selbst mit der Hand geschrieben hat. Einige Beispiele:

Mehrere Erben, Einsetzung eines Testamentsvollstreckers

Mein Letzter Wille
                                                München, 8. 2. ..

Als Erben meines gesamten Vermögens setze ich zu gleichen Teilen meine beiden Söhne Georg und Christof und meine uneheliche Tochter Gerda Steiner ein.
Meiner letzten Lebensgefährtin, Gabi Steiner aus Bad Reichenhall, vermache ich meine Eigentumswohnung, Eigelstein 19, 8000 München 60, einschließlich der gesamten Wohnungseinrichtung.
Als Testamentsvollstrecker ernenne ich meinen Hausarzt, Herrn Dr. Karl Bois, Daudetstraße 20, 8000 München 60. Er soll die Nachlaßregelung und die Erfüllung des Vermächtnisses besorgen.
Sollte Herr Dr. Bois vor oder nach der Annahme des Amtes ausfallen, kann das Nachlaßgericht einen Testamentsvollstrecker mit den gleichen Befugnissen ernennen.

Walter Brokmeier
Eigelstein 19
8000 München 60

*Ehemann wird als Alleinerbe eingesetzt,
Töchter werden auf Pflichtteil gesetzt*

Würzburg, 19. 11. ...

Mein Letzter Wille

Zu meinem Alleinerben setze ich meinen Mann, Herrn Heinz Bahlt, ein. Meine Töchter, Frau Irmgard Vorbeck, Hauestraße 19, 8500 Nürnberg, und Gisela Bahlt, Weege-Allee 24, 6800 Darmstadt, setze ich auf den Pflichtteil.

Irmgard Bahlt, Berliner Straße 246, 8700 Würzburg

Entzug des Pflichtteils

Hamburg, 30. 10. ...

Mein Letzter Wille

Mein einziger Sohn, Ottmar Wast, lebt seit drei Jahren in einer religiösen Sekte. Er hat sich in dieser Zeit nicht um seinen kranken Vater gekümmert. Ich entziehe ihm deshalb den Pflichtteil an meinem Nachlaß.

Werner Wast
Luisenweg 1
2000 Hamburg 13

BEMERKUNGEN ZUM POSTVERSAND

Allgemeines

Der Brief ist geschrieben. Haben Sie ihn schon in einen Umschlag gelegt? Dann schauen Sie doch bitte einmal nach, ob er die von der Post vorgeschriebenen Höchst- oder Mindestmaße nicht über- oder unterschreitet. Ihr Brief darf höchstens 60 cm lang, 30 cm breit und 15 cm hoch sein. 15 cm hoch? Wer schreibt schon einen 15 cm dicken Brief? Spaß beiseite, Sie können natürlich auch Waren, z. B. kleine Geschenke, als Brief verschicken, jedoch müssen Sie dann darauf achten, daß Ihr Brief nicht schwerer wird als 1 kg (für das Ausland 2 kg).
Und bei den Mindestmaßen scheiden sich zunächst einmal die Geister. Briefe, die bis zu 0,5 cm hoch sind, müssen mindestens 14 cm lang und 9 cm breit sein, Briefe, die höher sind als 0,5 cm, müssen 10 cm lang und 7 cm breit sein.
Es geht also nicht mehr, Visitenkarten in einem Minibriefumschlag zu verschicken.
Nicht gerade üblich, aber doch erlaubt sind Briefhüllen, die die Form einer Rolle haben. Die Rolle darf höchstens 80 cm lang sein und einen Durchmesser von 15 cm haben. Sie muß aber mindestens 10 cm lang sein und einen Durchmesser von 5 cm haben.
Kommen wir zur Anschrift: Eine individuelle Handschrift kennzeichnet die Persönlichkeit des Menschen. Meist kann man seine eigene Handschrift ja auch ganz gut lesen, und derjenige, der den Brief erhält, kann es auch. Aber mir tut so manches Mal der Postbote leid, wenn man sieht, mit welchen Hieroglyphen er sich herumschlagen muß. Deshalb eine Bitte: Schreiben Sie deutlich, denn Sie wollen doch, daß der Empfänger Ihren Brief schnell und sicher erhält. Schludrigkeit ist gerade bei der Anschrift fehl am Platze.
Stellen Sie sich einmal vor: Da ist ein Hochhaus, 72 Mietparteien, viermal die Partei Schmitz, ein Gustav, eine Gisela. Peinlich, peinlich, wenn der Freund der guten Gisela seinen Liebesbrief adressiert an G. Schmitz. Wenn der Teufel das will, würde dieser Brief genau in die falschen Hände geraten. Also bitte: Auch Vornamen immer voll ausschreiben.

Anschriften

>Herrn Notar
>Dr. Werner Müller
>Ebendorfer Allee 54
>
>5300 Bonn 1

Die Berufs- oder Amtsbezeichnung steht in der Regel neben den Anreden »Herrn«, »Frau« oder »Fräulein«. Längere Berufsbezeichnungen werden unter den Namen geschrieben. Es ist nicht mehr üblich, für die Bezeichnung »Fräulein« die Abkürzung »Frl.« zu benutzen.

>Frau Irene Müller
>Walterweg 47
>
>5230 Altenkirchen

Der Name von Frau Müller ist so kurz, daß es durchaus vertretbar ist, die Bezeichnung »Frau« direkt vor den Namen zu schreiben.

>XYZ GmbH
>Personalabteilung
>Postfach 2917
>
>6600 Saarbrücken

Die Bezeichnung Firma kann hier entfallen, weil aus der Bezeichnung »GmbH« bereits eindeutig hervorgeht, daß der Brief an eine Firma gerichtet ist.

>XYZ GmbH
>Herrn Klaus Waldmann
>Poststraße 24
>
>5400 Koblenz

Dieser Brief ist vom Absender an die Firma gerichtet. Herr Waldmann ist dem Absender als seine Kontaktperson bekannt. Deshalb setzt er den Namen unter die Firmenbezeichnung. Die Poststelle der Firma weiß dann sehr gut, an wen sie den Brief weiterzugeben hat; »zu Händen« schreibt man in diesen Fällen nicht mehr.

Herrn Klaus Waldmann
XYZ GmbH
Poststraße 54

5400 Koblenz

Anders liegt der Fall hier. Dem Absender war nur die Firmenanschrift von Herrn Waldmann bekannt. Vielleicht hat Herr Waldmann irgendwann einmal seine Visitenkarte hinterlassen, auf der nur die Firmenbezeichnung stand. Dennoch ist dieser Brief eindeutig als Privatbrief für Herrn Waldmann gekennzeichnet. Er darf also von der Poststelle der Firma nicht geöffnet werden.

Noch einige Worte zur Absenderbezeichnung. Sie soll nach Möglichkeit auf einem normalen Briefumschlag in der linken oberen Ecke stehen. Das ist also die gleiche Höhe, in der auch die Briefmarke auf den Brief geklebt wird.

Ein Beispiel:

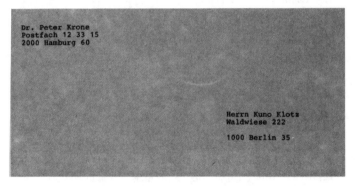

Telegramme

Telegramme sind teuer. Verständlich, denn abgesehen vom Fernschreiben bietet ein Telegramm die schnellste Möglichkeit, Nachrichten, Glückwünsche oder Beileidsbekundungen schriftlich zu übermitteln. Aber wer hat schon einen Fernschreiber zu Hause?
Berechnet wird der Telegrammpreis nach der Zahl der übermittelten Wörter. Die Devise lautet also: Fasse dich kurz! Aber bitte nicht zu kurz: »Glückwunsch, Tante Frieda!« ist zwar recht preisgünstig, reicht aber nicht.

Sicherlich haben Sie sich schon oft über phantastische Satzgebilde in Telegrammen gewundert. »Ankomme Freitag den 13. um vierzehnuhr, Christine«, um nur ein Beispiel zu nennen. Die Absenderin hat einfach mehrere Worte zusammengezogen, um Geld zu sparen. Ein Wort darf bis zu 10 Schriftzeichen haben. Hat es mehr, zählt es doppelt. Nicht möglich sind natürlich solche Dinge: »Ankommefreitag dendreizehnten umvierzehnuhr Christine«.
Kurz fassen heißt: sich auf das Wesentliche beschränken. Anrede und Gruß sind unwesentlich, sie fallen also weg. Ebenso Einleitungsfloskeln.

> »Lieber Jürgen!
>
> Tante Erna erzählte mir gerade, daß Du heute Dein Abitur bestanden hast. Wir wußten immer, Du bist ein tüchtiger Junge und wirst es im Leben noch zu was bringen. Ich gratuliere Dir ganz herzlich auch im Namen von Onkel Eugen.
>
> Bravo!
> Deine Tante Walli«

So? Oder besser so:

> »Herzliche Glückwünsche zum bestandenen Abitur.
> Weiter so!
> Onkel Eugen, Tante Walli«

Für diesen Glückwunsch haben die beiden sicherlich ein Schmucktelegramm ausgewählt. Hier geht das. Dagegen kann man unmöglich einer hochgestellten Persönlichkeit, mit der man lediglich »gesellschaftlich« bekannt ist, ein Schmucktelegramm schicken. Da sollte man beim normalen Telegramm bleiben.
Formblätter für Telegramme kann man an jedem Postschalter bekommen. Die freundlichen Beamten beraten Sie auch gern, wenn Sie Fragen haben.

Postkarten

Postkarten werden ausschließlich für kurze Mitteilungen verwendet. Viele Warenhäuser heften in Ihre Kataloge vorgedruckte Postkarten ein, die man als Bestellung wegschicken kann. Für den privaten Briefverkehr mit der Postkarte ist es wichtig zu wissen, daß sie nur geringfügig vom DIN-A6-Format abweichen darf. Sonst wird sie als normaler Brief berechnet und muß auch entsprechend frankiert werden.

Zur Etikette: Postkarten sollte man natürlich nicht benutzen, wenn man eine persönliche oder private Nachricht übermitteln will. Es ist auch nicht möglich, mit einer Postkarte einen Brief zu beantworten oder etwa sein Beileid auf einer Postkarte auszusprechen. Die einzige Ausnahme bildet dabei die Urlaubspostkarte, die man aber wohl mehr als ein privates Vergnügen betrachten sollte.

Drucksachen

Drucksachen sind Vervielfältigungen auf Papier oder Karton, die durch Druckform, Schablone oder Negativ hergestellt sind und zur Beförderung durch die Post geeignet sind.

Mit der Hand oder mit der Schreibmaschine hergestellte Vervielfältigungen, also zum Beispiel Durchschläge, gelten nicht als Drucksachen.

Die Deutsche Bundespost kennt drei Arten von Drucksachen: »Drucksachen«, »Briefdrucksachen« und »Drucksachen zu ermäßigter Gebühr«.

»Normale« Drucksachen

In Drucksachen darf normalerweise nichts mit der Hand oder mit der Schreibmaschine nachgetragen werden. Ausnahmen:

– Eine innere Anschrift, die mit der äußeren übereinstimmt
– Ort und Tag der Absendung und Angaben über den Absender
– Berichtigungen von Druckfehlern
– Hinweise, wie Zahlungsverkehr-Vordrucke (Zahlkarten oder Zahlscheine) ausgefüllt werden sollen (Sie kennen das: Die Polizei schickt Ihnen ein Strafmandat und hat bereits das polizeiliche Kennzeichen Ihres Wagens und den Betrag in die Zahlkarte eingetragen).

Briefdrucksachen

In Briefdrucksachen dürfen bis zu 10 Wörter oder Buchstaben (gezählt wird jedes Wort, jede Wortkürzung oder Abkürzung, einzelne Buchstaben oder Buchstabengruppen; eine nicht vervielfältigte Unterschrift zählt als Nachtragung) handschriftlich nachgetragen werden. Ziffern, Zeichen, Symbole (zum Beispiel 032, III, §§, &, %) haben es besser, denn sie dürfen unbeschränkt in eine Briefdrucksache eingesetzt werden.

Drucksachen zu ermäßigter Gebühr

Bücher, Broschüren, Notenblätter und Landkarten kann jeder als Drucksache zur ermäßigten Gebühr verschicken.

Warensendungen

Warensendungen sind zum Beispiel Muster oder Proben, wie sie viele junge Mütter von Firmen erhalten, die Babynahrung verkaufen. Es ist aber keineswegs so, daß Warensendungen nur von Geschäftsleuten verschickt werden können. Auch der Privatmann kann im Rahmen des Höchstgewichtes Gegenstände jeder Art als Warensendungen verschicken. Das Höchstgewicht beträgt 500 g.
Wichtig bei einer Warensendung ist, daß der Umschlag offen sein muß. Außerdem dürfen einer Warensendung keine Briefe oder sonstige persönliche Mitteilungen beigelegt werden.

Päckchen

Zwei Dinge unterscheidet das Päckchen von der Warensendung: das größere Höchstgewicht (Inland 2000 g, Ausland 1000 g) und der Vorteil, daß dem Päckchen auch private Mitteilungen beigelegt werden können.

Pakete

In Paketen kann man so ziemlich alles verschicken, sofern es nicht schwerer ist als 20 kg. Auch Größenbeschränkungen gibt es für Pakete kaum. Die Bundespost verlangt lediglich, daß Pakete so beschaffen sind, daß sie »mit den vorhandenen Beförderungsmitteln« befördert werden können. Unter gewissen Umständen gelten sehr große Pakete als sperrig. Für sie wird ein Zuschlag von 50% der Paketgebühr erhoben.
Für Pakete muß eine Paketkarte ausgefüllt werden, die die gleiche Anschrift trägt wie das Paket. Geht das Paket ins Ausland, muß der Paketkarte auch eine Zollinhaltserklärung beigefügt werden.
Die Post staffelt die Paketgebühren sowohl nach dem Gewicht des Paketes wie auch nach der Entfernung zum Empfänger hin. Es gibt drei Entfernungszonen: die erste bis 150 km, die zweite von 151 bis 300 km, die dritte über 300 km.